Knaur
MensSana

Über die Autorin:

Elisabeth Kübler-Ross wurde 1927 in der Schweiz geboren. Nach Beendigung ihres Medizinstudiums heiratete sie den amerikanischen Arzt Emanuel Ross und siedelte mit ihm in die USA über. Dort war sie an verschiedenen Krankenhäusern tätig. Durch ihre medizinisch-therapeutische Arbeit mit Sterbenden erwarb sie sich weltweites Ansehen. Sie hat zum Umgang mit dem Tod zahlreiche Bücher veröffentlicht.

Elisabeth Kübler-Ross

Verstehen, was Sterbende sagen wollen

Einführung in ihre symbolische Sprache

Aus dem Amerikanischen von Susanne Schaup

Knaur
MensSana

Die amerikanische Originalausgabe
erschien 1981 unter dem Titel »Living with Death and Dying«
bei Macmillan Publishing Co., Inc., New York

Besuchen Sie uns im Internet:
www.droemer-weltbild.de

Taschenbuchausgabe Oktober 2000
Droemersche Verlagsanstalt Th. Knaur Nachf., München
Copyright © 1981 Elisabeth Kübler-Ross and Ross Medical Associates
Copyright © 1982 der deutschsprachigen Ausgabe Kreuz Verlag, Stuttgart
Alle Rechte vorbehalten. Das Werk darf – auch teilweise –
nur mit Genehmigung des Verlages wiedergegeben werden.
Umschlaggestaltung: ZERO Werbeagentur, München
Umschlagfoto: Bavaria Bildagentur Gauting
Satz und Herstellung: Barbara Rabus, Sonthofen
Druck und Bindung: Ebner Ulm
Printed in Germany
ISBN 3-426-87015-0

2   4   5   3   1

Inhalt

Vorwort

Dieses Buch wurde auf dringendes Bitten von Patienten, von Eltern sterbender Kinder und von Lesern meiner früheren Bücher geschrieben. Diese Menschen sind zwar mit meiner Arbeit und meinen Veröffentlichungen vertraut, ersuchten mich aber um noch mehr Hilfe zum Verständnis der verschiedenen »Sprachen«, die todkranke Erwachsene und Kinder gebrauchen, wenn sie ihr inneres Wissen und ihre Wünsche mitteilen wollen.

Deshalb stellen wir hier unsere Erfahrungen und Erkenntnisse in geraffter Form dar, ergänzt durch Beiträge von Menschen, die den Umgang mit Sterbenden persönlich erlebt haben. Mögen dadurch diejenigen Trost und Mut schöpfen, die immer noch Angst haben vor einem Geschehen, das im Grunde so natürlich ist wie die Geburt.

Geburt wie Tod bedeutet Veränderung, Neuorientierung, oft Schmerz und Pein, aber auch Freude, engere Bindung und einen neuen Anfang. Wenn wir doch in unserem Inneren wissen, daß unser irdisches Dasein nur eine relativ kurze Zeit umfaßt, warum sollten wir dann nach Vollendung, nach Liebe und Frieden streben, es sei denn, weil wir den Wunsch haben, die Welt um ein weniges besser, ein weniges menschlicher gemacht zu haben, wenn wir sie verlassen, als wir sie bei unserem Eintritt ins Leben vorfanden?

Wir werden in unserer Gesellschaft nur dann einen Fortschritt erzielen, wenn wir aufhören, ihre Mängel zu verfluchen und zu beklagen, und den Mut aufbringen, ihnen abzuhelfen. Es tut weh, unsere Ängste, Schuld- und Schamgefühle und unsere geringe Selbstachtung einzugestehen. Die Tapferen geben sie zu, die Starken bekämpfen die eigene Negativität, und die Vertrauensvollen und Gläubigen erkennen das Licht am Ende des Tunnels.

Ich widme dieses Buch den Tapferen, die den Mut haben, das Negative in ihrem eigenen Inneren und dadurch in unserer Gesellschaft zu bekämpfen.

Elisabeth Kübler-Ross

KAPITEL I
Verstehen, was Sterbende
sagen wollen

Das Material für dieses Buch stammt aus unserer zehnjähri-
gen Arbeit mit todkranken Erwachsenen und Kindern, die
wir in Krankenhäusern, Pflegeheimen und vor allem zu
Hause bei ihren Familien betreuten.

Wir sind von der institutionellen Betreuung von Sterbenden
abgekommen und gehen jetzt den neuen und gesünderen
Weg, sie in ihrer häuslichen Umgebung zu pflegen. Zu Hause sind sie im Kreise ihrer Familie und können nach ihren
Bedürfnissen und Wünschen versorgt werden, was auch in
den besten Kliniken so gut wie unmöglich ist.

Viele Leser werden meine Seminare über Tod und Sterben
und die auch in vielen Ländern der Welt stattfindenden
fünftägigen Workshops über »Leben, Tod und Übergang« für
Krankenhauspersonal und Laien kennen. Diese Seminare
haben Ärzten, Geistlichen, Psychologen, Krankenschwestern und freiwilligen Helfern das Rüstzeug gegeben, um
ihnen den Umgang mit Schwerkranken und Todkranken zu
erleichtern. Die Anfänge unserer Arbeit und die Lehren, die
wir von den sterbenden Patienten empfangen haben, wurden in *Interviews mit Sterbenden* und *Was können wir noch
tun?* veröffentlicht. Für diejenigen, die diesen Stoff nicht
kennen, finden sich in den ersten Kapiteln Wiederholungen,
damit der Rest des Buches ihnen verständlicher wird.

Wir müssen uns darüber im klaren sein, daß dieses Material
nichts Neues sagt. Dennoch gibt es immer noch Millionen

von Menschen, die an der Illusion festhalten, es sei »besser« für den Patienten, wenn man ihm vormacht, daß »alles in Ordnung« ist, das heißt also, wenn wir beim Besuch eines Todkranken nur lächeln, uns fröhlich und oberflächlich mit ihm unterhalten oder Schweigen bewahren. Es fällt uns nicht schwer, ihnen die beste ärztliche Pflege und Betreuung zu verschaffen, aber nur zu oft vernachlässigen wir ihre viel schmerzhafteren emotionalen und seelischen Beschwerden.

Unsere Arbeit schloß eine umfassende Betreuung aller möglichen Bedürfnisse von Sterbenden ein. Wir haben ihnen erlaubt, die Zeit und den Ort ihrer Pflege und die Dosis schmerzstillender Mittel selbst zu bestimmen, damit sie bei wachem Bewußtsein, doch ohne Schmerzen sein konnten. Wir haben ihren Wunsch respektiert, das Krankenhaus zu verlassen, wenn keine aktive Behandlung mehr möglich war. Wir waren ihnen mit Maßnahmen für ihren Transport nach Hause behilflich. Wir haben die Familien stets auf diese Veränderung in ihrem täglichen Leben vorbereitet und uns selbstverständlich um die Kinder gekümmert, die unter dem Anblick, manchmal auch dem Geruch und der Erfahrung, im selben Haushalt mit einem sterbenden Elternteil, Geschwister oder anderen Verwandten leben zu müssen, gelitten haben. Wir stellten fest, daß es für die meisten Menschen, ob jung oder alt, eine tiefe und positive Erfahrung bedeutete, wenn wir Hilfe und Beistand geben und durch einen gelegentlichen Hausbesuch meinerseits die Ängste der Familie mildern konnten.

L. war ein dreizehnjähriges Mädchen, das den großen Wunschtraum hegte, einmal Lehrerin zu werden. Sie wurde während des Sommers in die Klinik eingewiesen, und die Diagnose ergab ein Unterleibsgeschwür. Nach der Operation wurde den Eltern versichert, daß die bösartige Geschwulst ganz entfernt worden sei, und so meinten sie, daß das Leben ihrer Tochter nicht mehr in Gefahr schwebte. Bevor die Schule wieder begann, traten neue Symptome auf, und im September verfielen die Kräfte des Kindes zusehends. Es stellte sich heraus, daß ihr Körper voll Metastasen war und daß sie nicht mehr zur Schule zurückkehren konnte. Trotz der Bitten der Eltern weigerte sich der Arzt, ihr zur Erleichterung ihrer Schmerzen ein bestimmtes Präparat, die »Brompton-Mischung«, zu verabreichen, und die Suche nach einem anderen Arzt, der bereit wäre, ihr dieses äußerst wirksame, orale Schmerzmittel zu geben, verlief erfolglos. Sie konnte nicht mehr nach Chicago gebracht werden, wo man sie früher behandelt hatte. Zu diesem Zeitpunkt wurde ich konsultiert und begann, die kleine Patientin und ihre Familie zu Hause zu besuchen.

Die Mutter, eine verständnisvolle, tief religiöse und tapfere Frau, verbrachte viel Zeit mit ihrer Tochter und besprach offen alle Themen, die das Kind anschnitt. L. lag in einem bequemen Bett im Wohnzimmer, so daß sie passiv am Familienleben teilnehmen konnte. Ihr Vater, ein stiller Mann, sprach nicht viel über ihre Krankheit oder ihren bevorstehenden Tod, aber er zeigte seine Liebe und Zuneigung durch besondere Aufmerksamkeiten und kam oft mit einem Rosenstrauß für seine älteste Tochter von seiner Arbeit nach Hause.

Ich ließ die Geschwister im Alter von sechs bis zehn Jahren einmal nach der Schule im Wohnzimmer zusammenrufen. Ich setzte mich zu ihnen und sprach mit den Kindern ohne die Anwesenheit von Erwachsenen. Wir bedienten uns spontaner Zeichnungen, einer Technik von Susan Bach, und die Kinder waren mit Freude dabei und erläuterten ihre Bilder. Ihre Zeichnungen zeigten eindeutig, daß sie um die schwere Krankheit ihrer Schwester wußten, und wir sprachen unverblümt über ihren bevorstehenden Tod. Der sechsjährige Bruder hatte den Mut, sein Problem aufs Tapet zu bringen, nämlich daß er nicht mehr fernsehen und Türen zuschlagen und keine Freunde mehr nach der Schule heimbringen durfte. Er fühlte sich von den Erwachsenen eingeschüchtert, die im Haus nur noch auf Zehenspitzen gingen, und fragte offenherzig, wie lange dieser Zustand noch dauern solle. Die Kinder sprachen miteinander über die Dinge, die sie ihrer Schwester mitteilen wollten – alles, was sie ihr vor ihrem Tod noch sagen wollten –, und natürlich ermutigten wir sie, es ohne Verzögerung zu tun.

Nach mehreren schwierigen Tagen – von jedem erwarteten wir, daß er der letzte wäre – wollte L.s Lebensflamme immer noch nicht verlöschen. Ihr Unterleib war bereits abnorm angeschwollen, und ihre Arme und Beine erinnerten mich an die Gliedmaßen von Menschen in Konzentrationslagern. L. konnte einfach nicht sterben. Wir brachten ihr Tonbänder mit ihrer Lieblingsmusik. Ihre Mutter saß viele Stunden an ihrem Bett und war bereit, auf alle Fragen einzugehen, die ihre Tochter ihr stellen wollte. Aber es schien unmöglich, herauszubekommen, was dieses kleine Mädchen am Leben festhielt.

Während eines meiner Hausbesuche fragte ich sie – mit der Genehmigung ihrer Mutter und in deren Gegenwart – geradeheraus: »L., hindert dich etwas daran, loszulassen? Du kannst nicht sterben, und ich weiß nicht, was es ist. Kannst du es mir sagen?« Mit großer Erleichterung bestätigte L. meine Frage und sagte: »Ja, ich kann nicht sterben, weil ich nicht in den Himmel komme.« Ich war von diesem Ausspruch entsetzt und fragte sie, wer in aller Welt ihr dies gesagt habe. Dann erzählte sie mir, daß der Priester und die Schwestern, die sie besuchten, ihr oft gesagt hatten, daß niemand in den Himmel kommt, der Gott nicht mehr liebt als alles auf der Welt. Mit der letzten Kraft ihres Körpers beugte sie sich vor, umarmte mich mit ihren abgezehrten Armen und flüsterte schuldbewußt: »Siehst du, ich liebe meine Mami und meinen Papi mehr als alles auf der Welt.« Meine erste Reaktion war Zorn. Warum erwecken die Menschen, die »Gott repräsentieren«, Angst und Schuldgefühle, anstatt ihn als einen Gott der Liebe und Barmherzigkeit darzustellen? Andererseits wußte ich aus früheren Erfahrungen, daß niemand einem anderen dadurch helfen kann, daß er die Auffassung eines anderen Menschen herabsetzt. In solchen Augenblicken können nur Gleichnisse oder eine Symbolsprache die richtige Antwort geben. Darauf führten wir das folgende Gespräch:

»L., ich möchte nicht darüber streiten, wer den lieben Gott auf die rechte Weise versteht. Reden wir lieber von Dingen, die wir beide kennen. Nehmen wir zum Beispiel deine Schule, und jetzt beantworte mir eine einzige Frage. Manchmal stellt eure Lehrerin einigen Schülern in der Klasse eine besonders schwierige Aufgabe. Gibt sie diese Aufgabe den schlechtesten Schülern oder irgend jemandem oder nur sehr wenigen, die sie besonders auswählt?« L.s Gesicht leuchtete auf, und sie sagte voll Stolz: »O nein, die gibt sie nur ganz wenigen von uns.« Ich antwortete: »Da auch der liebe Gott ein Lehrer ist, glaubst du, daß er dir eine leichte Aufgabe gestellt hat, die er jedem Kind geben kann, oder hat er dir eine besonders schwere gegeben?« In diesem Augenblick fand eine sehr bewegende nichtverbale Kommunikation statt. Sie setzte sich einen Moment auf und betrachtete mit einem langen, festen Blick ihren eigenen abgezehrten Leib, ihren aufgetriebenen Bauch, ihre dürren Arme und Beine, und mit einer ungeheuren Freude sah sie mich an und rief: »Ich glaube nicht, daß er irgendeinem Kind eine schwierigere Aufgabe hätte geben können.« Ich brauchte sie nicht mehr zu fragen: »Was meinst du also, daß er von dir hält?« Ich machte nur noch einen Hausbesuch. L. war im Frieden. Sie döste hin und wieder ein und hörte einige ihrer Lieblingslieder, darunter das eine, das ich ihr von den Mönchen des Weston-Klosters mitgebracht hatte, »Wherever you go« (»Wohin du auch gehst«), das meine Patienten besonders gerne mögen. Als sie starb, war die Familie vorbereitet. Die Kinder gingen allein mit mir in das Bestattungsinstitut vor den offiziellen Besuchsstunden, und sie waren sehr dankbar, daß sie ihren Körper berühren, Fragen stellen und für ihre geliebte Schwester ein letztes Gebet sprechen durften.

Der Tod kam früh in ihr Leben, aber sie trugen ihn gemeinsam, und es war bewegend, zu sehen, wie die ganze Familie sich näherkam und nicht nur den Schmerz und die Todesqual, sondern auch die Freude, die Musik, die Zeichnungen und das Erlebnis des inneren Reifens miteinander teilte. Der Tod trat zu Hause ein, wo jeder an dieser Erfahrung teilnahm und niemand sich abseits fühlte, wie es sonst geschieht, wenn ein Kind von zu Hause fortgebracht wird und allein in einem Krankenhaus stirbt, wo kleine Geschwister das Sterben nicht miterleben dürfen und oft mit Schuldgefühlen, mit Kummer und vielen unbeantworteten Fragen zurückbleiben.

Dieser Fall ist bezeichnend für verschiedene Probleme, mit denen wir uns auseinandersetzen müssen, wenn wir den Mut und die Überzeugung zu unkonventionellem Handeln aufbringen und dabei die Tatsache akzeptieren müssen: Es gibt viele Menschen in pflegerischen Berufen, die sich gegen die Veränderungen durch den neuen Umgang mit sterbenden Patienten sträuben.

Es ist nicht mehr nötig, unsägliche Schmerzen zu leiden, da es heute Präparate wie die Brompton-Mischung gibt. Es ist nicht mehr nötig, daß eine Mutter ihrem bereits auf Haut und Knochen abgemagerten Kind rund um die Uhr schmerzstillende Mittel spritzt, was dem Kind nur noch weitere Schmerzen verursacht.

Abgesehen von der Frage der Schmerzbekämpfung müssen wir als nächstwichtiges Problem die Tatsache zur Kenntnis nehmen, daß jeder von uns von dem heilsamen Ergebnis unserer Arbeit überzeugt ist. Sonst könnten wir wohl nicht neunzig Prozent der Zeit unseres wachen Bewußtseins diesem Gebiet widmen. Unser Glaube, unsere Zuversicht und unsere Überzeugung und nicht zuletzt das positive Echo von Hunderten von Familien bestätigen uns darin. Es wäre ein leichtes, zu sagen: »Unser Weg ist die richtige Art, Sterbende zu betreuen.« Aber trotz der Tatsache, daß wir fest an den Wert unserer Behandlung glauben, müssen wir bedenken, daß wir keinem Menschen helfen können, wenn wir andere verunglimpfen. So entsetzt ich manchmal von den Berichten und Erfahrungen meiner Patienten und ihrer Familien bin, so haben wir es uns zur goldenen Regel gemacht, ein negatives Urteil über andere nach Möglichkeit zu vermeiden, auch wenn wir mit deren Rat nicht einverstanden sind.

Der Fall von L. zeigt vielleicht am deutlichsten, wie der

Gebrauch einer symbolischen Sprache, in Form einer Parabel, dem Patienten eine Antwort zu geben vermag. Er demonstriert außerdem, wie man sich aus einem Machtkampf und einer Rivalität heraushält, die nur noch mehr Feindseligkeit und Negativität erzeugt.

Das heißt nicht, daß wir nicht jede Gelegenheit ergreifen sollten, einem solchen Menschen später unsere positiven Erfahrungen privat mitzuteilen. Langsam, aber sicher werden immer mehr Menschen einsehen, wie heilsam dieser Weg ist, und allmählich damit vertraut werden.

In der Zwischenzeit müssen wir jede Anstrengung unternehmen, um nicht nur Erwachsene, sondern auch Kinder in frühem Alter zu lehren, daß wir unsere Gefühle offen und ohne Scham ausdrücken dürfen, daß Menschen in der Nähe sind, die ihre Ansichten zum Ausdruck bringen und sie verstehen, ohne sie zu beurteilen, zu etikettieren und zu disqualifizieren.

Wenn Ängste wie die von L. früh im Leben ausgeschaltet und behandelt werden können, bevor eine tödliche Krankheit eintritt, haben wir den Weg zu einer Präventivpsychiatrie gefunden. Eine Gruppe von sechs Kindern im Alter von sechs bis dreizehn Jahren setzte sich im Rahmen eines Psychodramas, unter der Anleitung von einigen wenigen, sehr gut geschulten Erwachsenen, die in unseren Workshops über Leben, Tod und Übergang mit mir zusammengearbeitet haben, mit ihren tiefsten Ängsten und Problemen auseinander. Es war eine der bewegendsten Erfahrungen, die ein Mensch, der seit Jahrzehnten auf dem Gebiet der Psychiatrie und Psychologie arbeitet, machen kann. Es ist herzbewegend, zu sehen, wie Kinder in einer Umgebung der Sicherheit, des Akzeptierens und der Urteilsenthaltung sich öffnen und ihre größten Sorgen zur Sprache bringen können. Es ist rührend, mit anzusehen, wie ein Neunjähriger endlich den Mut aufbringt, seine Mutter zu fragen: »Warum hast du mich dann adoptiert, wenn du so voll Haß bist?« Als Resultat dieser Offenheit gewannen auch die anderen Teilnehmer die Freiheit, von ihrer Furcht zu sprechen, daß sie nicht geliebt wurden oder daß »meine Eltern vielleicht nicht meine wirklichen Eltern sind«.

Unsere Zentren für Wachstum und Heilen, die im ganzen Land jetzt gegründet werden, sollen uns ermöglichen, Kinder aller Altersstufen zu erreichen und ihnen zu helfen, diese Ängste frühzeitig loszuwerden.

B. ist ein weiterer Fall, der mit einem großen Schuldkomplex und mit Tragik hätte enden können, wenn nicht eine Freundin eingegriffen und der jungen Familie geholfen hätte, die Patientin nach Hause zu nehmen und die ungelösten Knoten buchstäblich am letzten Tag ihres Lebens zu lösen.

Ich zitiere diese Beispiele, um zu zeigen, daß Kinder und Erwachsene Hilfe brauchen, damit sie ihre negativen Gefühle und Ängste aussprechen können und zu einer Katharsis und Offenheit finden, die während der beschränkten Besuchsstunden eines Krankenhauses, in dem man nicht unter sich sein kann und wo kleine Kinder unglücklicherweise nicht zugelassen sind, kaum zu erreichen ist.

B. war eine junge Mutter von zwei Kindern im Alter von einem und drei Jahren. Sie hatte zum zweiten Mal geheiratet, als ihre kleine Tochter zwei Jahre alt war, und erwartete ein Kind, als ihre Gesundheit sich verschlechterte. Kurz nach der Geburt ihres kleinen Jungen stellte sich heraus, daß sie Krebs hatte, und die ihr verbleibende Zeit verbrachte sie zum großen Teil im Krankenhaus. Ihr junger Ehemann war diesen neuen Verantwortungen zunächst nicht gewach-

sen: der Versorgung von zwei Kleinkindern, den Krankenhausrechnungen, einem leeren Haus, dem Umgang mit
Nachbarn und Freunden, auf die er plötzlich angewiesen
war, und am meisten lehnte er sich dagegen auf, daß er keine Frau und kein »normales Leben« hatte. Er besaß niemanden, dem er sich hätte anvertrauen können, und so schluckte er alles hinunter, bis er einige Tage vor dem Tod seiner
Frau die Nerven verlor und seinen Schmerz und seine Wut
auf die Welt, auf Gott und insbesondere auf seine Frau her-
ausschrie. B., die zu schwach war, um auf diesen Ausbruch
zu reagieren, und kaum etwas tun konnte, um der familiä-
ren Situation abzuhelfen, geriet in Panik. Sie hatte das
Gefühl, in einem Krankenhaus eingesperrt zu sein, wo man
bereits aufgehört hatte, sie zu behandeln, wo die Rechnungen sich häuften und wo sie ihre Kinder nicht sehen konnte. Sie wußte, daß ihr Mann gedroht hatte, die Kleinen zur
Adoption freizugeben, und das wollte sie in ihrer Verzweiflung verhindern. Zu diesem Zeitpunkt besuchte sie eine
Freundin, die die Situation richtig erfaßte und zum Glück
sofort handelte. Nach einer Besprechung mit dem Arzt
erhielt sie die Erlaubnis, B. nach Hause zu bringen. Freunde
steuerten das Nötige bei, von einem Krankenbett bis zu
einem Nachtstuhl und einem Gummiring. B.s Wohnzimmer
wurde in ein Krankenzimmer umgewandelt. Ihr Bett stand
am Fenster, von wo sie auf die Straße und in den Garten
hinaussehen konnte. Sie konnte die offene Küche überblik-
ken und sah ihre spielenden Kinder. Ihr Mann war dankbar,
daß er nach der Arbeit nicht mehr in ein leeres Haus zurückkehren mußte. Ein kurzer Hausbesuch zeigte mir einen sehr
einsamen Mann, der nie die Gelegenheit gehabt hatte, seine
Ängste und Gefühle der Einsamkeit und Unzulänglichkeit
einem Menschen anzuvertrauen. Er ging bereitwillig auf

meine Vorschläge ein und erlaubte mir, mich mit den Kleinen an den Küchentisch zu setzen und ihnen den Tod in einer Sprache zu erklären, die ein dreijähriges Kind verstehen konnte. Wir zeichneten Kokons und Schmetterlinge, und ich sagte ihnen, daß ihre Mami bald sterben würde, aber das sei so, wie wenn ein Schmetterling aus einem Kokon schlüpft.

Wir gingen zu ihren Eltern und saßen im Kreis um das Bett der Mutter. Dem kleinen Mädchen gelang es, das Eis zu brechen. Sie saß auf meinem Schoß vor ihrer Mutter und stellte drei Fragen, von denen jede deutlich machte, wie viel dieses Kind wirklich verstanden hatte, und zugleich den Erwachsenen die Möglichkeit gab, offen über ihren unbewältigten Schmerz zu sprechen.

»Frau Dr. Ross, glauben Sie, daß ich heute abend, wenn ich schlafen gehe, den lieben Gott bitten darf, daß er meine Mami jetzt zu sich nimmt?«

»Ja, du kannst ihn um alles bitten, was du willst.«

»Glaubst du, daß ich ihn dann bitten darf, sie mir wiederzuschicken?«

»Ja, darum kannst du ihn auch bitten, aber du mußt verstehen, daß es dort, wohin Mami geht, eine ganz andere Zeit gibt als hier und daß es vielleicht sehr lange dauert, bevor du sie wiedersiehst.«

»Gut, wenn ich nur weiß, daß ich sie wiedersehe und daß es ihr gutgeht.«

»Das kann ich dir versprechen.«

Sie sah ihren Vater und ihre Mutter lange an und sagte: »Wenn meine Mami jetzt stirbt, glaubst du, daß sie mich zu einer Pflegemutter schickt?« Während das Kind fragend seinen Vater ansah, blickte auch die sterbende junge Mutter ihn an. Mit einem Seufzer der Erleichterung ergriff er die

Hand seiner Frau und versprach ihr, die Kinder nie voneinander zu trennen. Das kleine Mädchen glaubte diesem Versprechen nicht so recht, aber da sah die Mutter ihren Mann liebevoll an und versicherte ihm, daß es sie freuen und daß sie es verstehen würde, wenn er wieder heiratete und glücklich würde (in der Zeit ihrer kurzen Ehe hatten sie nur wenig Glück miteinander geteilt) und den beiden Kindern eine neue Mutter gäbe. Dann fragte das kleine Mädchen: »Wenn alle meine neuen Mamis sterben, wer wird dann für mich kochen?« Ich versicherte ihr, daß dieser Fall zwar höchstwahrscheinlich nicht eintreten würde, daß ich aber eine große Küche zu Hause hätte und gerne kochte. Wenn das je geschehen sollte, könnte sie immer zu mir kommen.

Kurz nach diesem offenen und sehr liebevollen Gespräch schliefen die Kinder ein, und wir brachten sie zu Bett. Ihre Großeltern und der Ehemann waren jetzt allein mit B. Die Kerzen brannten noch, und ein Lied von John Denver erklang leise aus dem Kassettenrecorder, als B. den Übergang vollzog, den wir Tod nennen.

Es bedurfte nur eines einzigen Hausbesuches, einer Freundin, die den Mut hatte, die Übersiedlung dieser jungen Mutter nach Hause in die Wege zu leiten, und, wie es so oft vorkommt, der Offenheit eines kleinen Mädchens, das Fragen stellte und Antworten bekam, die ihren Fragen nicht auswichen.

Für den Arzt, der seinen meist hektischen Stundenplan für einen Abend unterbrechen und seine Patientin in ihrer häuslichen Umgebung kennenlernen kann, ist dies eine unvergeßliche Erfahrung und bereichert das Leben auf eine viel bedeutendere Art und Weise als irgendein anderer Dienst am Menschen.

Kinder von sterbenden jungen Müttern oder Vätern sind

eine vernachlässigte Gruppe, weil die schwere Krankheit des einen Ehepartners eine riesige Belastung des anderen bedeutet und ihm oder ihr wenig Zeit läßt, sich um die Kinder zu kümmern. Es ist einer jungen, verantwortungsbewußten Lehrerin zu verdanken, daß ich auch in dem folgenden Fall gerufen wurde, der für uns alle und für eine Klasse von Volksschülern zu einem unvergeßlichen Erlebnis des inneren Reifens durch die Auseinandersetzung mit dem Tod und dem Sterben wurde – in meinen Augen ein glänzendes Beispiel von Präventivpsychiatrie.

D. war in der dritten Klasse der Volksschule und wies bis Anfang Dezember gute Leistungen auf, als ihre Lehrerin bemerkte, daß sich bei ihr und ihrer Schwester, die noch im Kindergarten war, Anzeichen bemerkbar machten, daß zu Hause etwas nicht stimmte. Sie sahen beide traurig aus, spielten nicht mehr mit den anderen Kindern auf dem Spielplatz, trödelten nach der Schule herum und wollten nicht nach Hause gehen. Ein Telefonanruf der aufmerksamen Lehrerin brachte zutage, daß die Mutter im Sterben lag und daß die Kinder ihren Vater schon eine Zeitlang nicht mehr gesehen hatten und daß niemand den beiden Kindern gesagt hatte, daß ihre Mutter schwer krank war. Ihr Vater ging zeitig in der Frühe zur Arbeit, besuchte dann seine sterbende Frau und kehrte erst spätabends nach Hause zurück, wenn die Kinder bereits schliefen. Eine Tante, die selbst unfähig war, die Familienkrise mit ihnen zu besprechen, kümmerte sich um ihre körperlichen Bedürfnisse. Die Lehrerin sagte der Tante, wie besorgt sie war, und wurde von ihr gebeten, die Kleinen auf den bevorstehenden Tod der Mutter vorzubereiten. Da rief Fräulein K. mich an und bat mich um Anleitung und Hilfe bei dieser schwierigen Aufgabe. Ich lud die Lehrerin ein, einmal nach der Schule zu mir zu kommen und mir zuzusehen, wie ich die Kinder vorbereitete. Dadurch würde sie Gelegenheit haben, diese Methode zu lernen und sie in Zukunft selbst anzuwenden.

Es war Mitte Dezember. In meinem Kamin brannte ein Feuer, auf dem Tisch standen Coca-Cola und Gebäck, und bald darauf setzten wir uns zu viert in der gemütlichen Küche zusammen, zeichneten spontane Bilder, knabberten Plätzchen und unterhielten uns. Das ältere Mädchen zeichnete eine große Strichfigur auf die Mitte ihres Blattes, mit überproportionalen roten Beinen, die ein paarmal so groß waren wie die übrige Figur. Daneben malte sie eine geometrische Gestalt, die sie zornig durchstrich, bevor sie fertig war. Das folgende Gespräch fand statt, nachdem sie die Zeichnung vollendet hatte.

»D., wer ist das?«

»Meine Mami.«

»Jemand, der so große, rote, dicke Beine hat, kann sicher schwer laufen.«

»Meine Mami wird nie mehr mit uns im Park spazierengehen.«

»Ihre Beine sind sehr krank.«

Da mischte sich die Lehrerin ein und korrigierte: »Nein, Dr. R., ihre Mutter hat Krebs im ganzen Körper. Die Beine sind der einzige Körperteil, der nicht angegriffen ist.«

»Im Augenblick wollen wir das auf sich beruhen lassen«, antwortete ich. »Ich möchte sehen, was dieses Kind wahrnimmt.« Ich wandte mich wieder dem Kind zu und sagte: »Die Beine von deiner Mami sehen wirklich riesengroß aus.« Sie sagte noch einmal und völlig überzeugend: »Ja, meine Mami wird nie mehr mit uns im Park spazierengehen können.«

Dann fragte ich sie nach der seltsamen Figur neben ihrer Mami, und sie antwortete mit großer Trauer und verhaltenem Zorn: »Das ist ein umgekippter Tisch.«

Ich wiederholte mit ungläubiger Stimme: »Ein umgekippter Tisch?«

»Ja, weil meine Mami nie mehr mit uns am Eßtisch essen wird.«

Daß ich dreimal »nie mehr« gehört hatte, genügte mir, um mit diesem klugen Kind ohne Umschweife reden zu können. Ich fragte sie, ob dies bedeute, daß ihre Mami so krank sei, daß sie bald sterben würde. D. sagte sehr nüchtern, dies würde bald geschehen. Und als ich sie fragte, was das für sie bedeute, sagte sie, wie Kinder es oft tun, daß ihre Mami in den Himmel kommen würde, aber weiter sagte sie nichts. Sie konnte sich den Himmel nicht recht vorstellen und ließ durchblicken, wie es bei unseren Kindern häufig vorkommt, daß dies eine Erklärung der Erwachsenen ist, die damit weitere Fragen abschneiden wollten.

Ich fragte sie, ob es ihr helfen würde, wenn ich ihr gleich jetzt mehr über den Zustand ihrer Mutter erzählte, da die Kinder sie in den vergangenen zwei Wochen nicht mehr besuchen durften und nichts mehr über sie erfahren hatten. Ich erklärte ihr, daß ihre Mutter dem Tod schon nahe war, daß sie aussah, als ob sie schliefe, und nicht mehr reden und sich nicht mehr bewegen konnte. Ich sagte ihr, daß sie sich einen Kokon vorstellen sollte, der ja völlig leblos aussieht. Wir malten uns den Kokon zusammen aus, und ich erklärte ihr gerade, daß im richtigen Augenblick sich jeder Kokon öffnet, und heraus kommt – »ein Schmetterling!« rief das Kind.

Wir unterhielten uns eine Weile darüber, daß der Tod nicht das Ende ist, daß der begrabene oder eingeäscherte Körper nur die Hülle war, so wie der Kokon »das Haus des Schmetterlings« war, und daß Schmetterlinge viel schöner und freier sind. Sie fliegen fort, und wir sehen sie nicht mehr, aber erst dann können sie sich an den Blumen und an dem Sonnenschein erfreuen. Beide Kinder saßen mit großen Augen da, begeistert von dieser Möglichkeit.

Wir sagten ihnen, daß der Arzt versprochen hatte, die Kinder »hineinzuschmuggeln«, wenn sie ihre Mutter noch einmal sehen wollten. Sie wußten, daß sie nicht mehr zu ihnen sprechen oder ihre Hände halten konnte. Wir ermutigten sie, ihr alles zu sagen, was ihnen am Herzen lag, auch wenn die Mutter nicht mehr antworten konnte, aber sie würde sie hören, und das wäre eine Hilfe für ihren Papa, der einsam und allein im Krankenhaus saß.

Wir gingen zu viert in meinen Garten und pflückten die letzten Chrysanthemen. Dann übernahm es die Lehrerin, die Kinder ins Krankenhaus zu bringen. Sie berichtete am nächsten Tag mit Tränen der Freude, daß die Kinder, kaum daß die Türe zum Krankenzimmer sich geöffnet hatte, schnurstracks ans Bett ihrer Mutter gingen, ihr die Blumen auf die Brust legten und flüsterten: »Mami, bald bist du so frei wie ein Schmetterling.« Der Vater und die Kinder erlebten diesen bewegenden Augenblick gemeinsam, und die Lehrerin zog sich zurück, damit die Familie allein sein konnte.

Am nächsten Morgen fragte D., ob sie ihren Schulkameraden ihre Erfahrung mitteilen dürfe. Sie ging stolz an die Tafel, zeichnete den Kokon und den Schmetterling und sagte ihren Mitschülern: »Meine Mami wird bald sterben, und es ist gar nicht so traurig, wenn man an einen Kokon denkt, der tot aussieht, aber nur auf den richtigen Augenblick wartet, dann öffnet er sich, und heraus kommt ein Schmetterling.« Ihre Klassenkameraden hörten nicht nur aufmerksam zu, sondern begannen, ihre Erfahrungen mit Todesfällen in der Familie und mit verstorbenen Haustieren zu erzählen. Ehe die Lehrerin sich versah, war sie Zeugin geworden, wie – vermutlich zum ersten Mal – eine Schülerin der dritten Volksschulklasse einem äußerst aufmerksamen und aufgeschlossenen Publikum von Mitschülern Unterricht über Tod und Sterben erteilte.

Der rührendste Dankesbeweis flatterte einige Wochen später in Form eines großen Briefumschlags ins Haus. Er enthielt einen Brief von D.

»Liebe Frau Dr. Ross, ich wollte Ihnen ein Honorar für Ihre Konsultation geben. Ich überlegte, was Sie am meisten freuen würde. Ich sende Ihnen als Weihnachtsgeschenk die Briefe und Zeichnungen meiner Mitschüler, die sie mir nach dem Tod meiner Mutter geschickt haben. Ich hoffe, daß sie Ihnen gefallen. Herzliche Grüße – D.«

Kann man ein rührenderes »Honorar für eine Konsultation« bekommen, für eine einzige Stunde zusammen mit zwei reizenden Kindern, die das Glück hatten, eine verantwortungsbewußte Lehrerin zu haben?

Sowohl die Eltern als auch die Kinder sind mit mir in Verbindung geblieben. Gelegentlich schreiben sie mir oder rufen mich an. Sie haben ihre Mutter in jungen Jahren verloren, aber diese Erfahrung bedeutet kein Trauma für sie. Sie konnten es verstehen und anderen mitteilen und haben ihrerseits für andere Kinder dieses früher tabuisierte Thema angeschnitten.

In meinen Augen ist dies, wie gesagt, eine Art Präventivpsychiatrie. Sie gibt Kindern die Gelegenheit, ein Problem offen und unmittelbar anzugehen, am besten vor Eintritt des Todes. Dazu bedarf es nur wenig Zeit. In jedem der beiden letzten Fälle war nur jeweils ein Hausbesuch nötig, einer im Haus der Patientin, der andere bei mir zu Hause.

Aus diesen Gesprächen mit Patienten verschiedenen Alters und unserem Umgang mit ihren Problemen kann man sich vielleicht schon ein Bild machen, wie sehr uns die Arbeit auf diesem Gebiet am Herzen liegt und wie sehr sie uns befriedigt. Es ist dringend erforderlich, daß jeder, der Sterbende und ihre Familien betreut, jederzeit seine eigenen Sorgen und Ängste begreift, um die Projektion seiner eigenen Ängste zu vermeiden. Es ist ebenso wichtig, daß wir die symbolische Sprache, die viele unserer Patienten verwenden, wenn sie mit ihren Nöten nicht fertig werden und noch nicht bereit sind, offen über Tod und Sterben zu sprechen, erlernen und anderen vermitteln können. Sie bedienen sich derselben »geheimen« Sprache, wenn sie der Reaktion ihrer Umgebung nicht sicher sind oder wenn sie beim Betreuungspersonal oder ihren Familienmitgliedern mehr Angst hervorrufen, als sie selbst empfinden.

Sie bedürfen der Aussprache, sind sich jedoch ihrer tiefen Angst vor der Wahrheit vielleicht nicht einmal bewußt. In solchen Augenblicken kann ein erfahrener Lehrer, ein Geistlicher oder ein Psychologe auf die Zeichnungen zurückgreifen, die ein Ausdruck der nichtverbalen Symbolsprache sind.

Spontane Zeichnungen enthüllen ebensoviel wie ein Traum. Sie können innerhalb von wenigen Augenblicken und beinahe in jeder Umgebung angefertigt werden – im Krankenhaus, in der Schule oder zu Hause. Sie kosten lediglich ein Blatt Papier und Buntstifte. Innerhalb von Minuten kann man ihnen entnehmen, welches vorbewußte Wissen die Kinder oder Erwachsenen besitzen. Dies macht sie zu einem einfachen, billigen und leicht verfügbaren therapeutischen

Mittel, solange es genügend verantwortungsbewußte Therapeuten gibt, die in der Interpretation dieses Materials geschult sind.

Susan Bach in England ist eine bemerkenswerte Jungianische Analytikerin, die sich auf das Studium spontaner Zeichnungen von sterbenskranken Kindern spezialisiert hat. Sie hat einen größeren Beitrag zum Verständnis dieser Kinder geleistet als viele Thanatologen, die Schlagzeilen machen in einer Zeit, in der die Forschung auf diesem Gebiet beinahe Mode geworden ist. Sie hat jahrzehntelang in aller Stille gearbeitet und hat sich der Ausbildung einer meiner Studenten großzügig angenommen, damit er in den Vereinigten Staaten die Kunst und Wissenschaft der Interpretation der Zeichnungen, Figuren und Farben, die diese jungen Patienten verwenden, an andere weitergeben konnte.

Ich meine, der wichtigste Beitrag dieser Patienten besteht darin, daß sie uns beigebracht haben, daß die Kranken über ihren Zustand reden wollen, daß sie dazu in der Lage sind und um ihr Sterben wissen – und dies gilt auch für Hunderte von Patienten, denen die Ernsthaftigkeit ihrer Krankheit nie mitgeteilt wurde. Die Patienten wissen nicht nur, daß sie sterben, sondern sie können uns auch mitteilen, *wann* der Tod eintritt, wenn wir ihnen zuhören und die Sprache von Sterbenden verstehen können. Nur wenige Kranke sind in der Lage, in einfachen Worten über ihren bevorstehenden Tod zu sprechen. Patienten, die sagen können: »Meine Zeit rückt näher, und es ist mir recht«, oder die zu Gott beten, sie »bald zu sich zu nehmen« – diese Patienten vermitteln uns, daß sie mit ihrer Todesangst wenigstens zum Teil fertig geworden sind. Das sind die Patienten, die wir alle verstehen und die unsere Hilfe am wenigsten brauchen. Patienten, die »zu jung zum Sterben« sind, werden sich einer Symbolsprache bedienen, wie wir es nennen. Um die Sprache der Sterbenden zu verstehen, sollte man sich bewußt machen, worin die Angst vor dem Tod besteht. Wenn ich meine Zuhörer frage, wovor sie Angst haben, wenn sie an ihren Tod denken, sagen die meisten, daß sie vor dem Unbekannten, vor der Trennung, vor Schmerzen, vor dem Leiden, vor unerledigten Dingen und vor dem Verlassenmüssen ihrer Nächsten Angst haben. Dies ist aber nur ein kleiner Teil der Angst vor dem Tod und nicht einmal der bedeutendste. Dr. George Wahl vergleicht die Angst vor dem Tod mit einem Eisberg. Ein kleiner Teil ragt über die Wasseroberfläche hinaus, der wichtigste Teil ist verborgen, unsichtbar unter dem Wasser. Es gibt vieles, was wir mit Todesangst assoziieren, aber es ist verdrängt und unbewußt, und diesen Teil müssen wir verstehen lernen. Meinem Unbewußten fällt es sehr schwer, sich meinen Tod vorzustellen. Ich glaube, daß er diesen oder jenen Menschen ereilt, aber nicht mich, wie in dem Psalm, wo es heißt, daß tausend zu deiner Linken und zehntausend zu deiner Rechten sterben werden, aber dir wird nichts geschehen. Wenn ich mir meinen eigenen Tod vorstellen soll, kann ich nur an ein plötzliches Ende denken. Ich kann mir meinen eigenen Tod nur so vorstellen, daß irgend jemand oder irgend etwas kommt und mich umbringt. Das muß man wissen, wenn man mit Krebspatienten spricht. Auch wenn der Krebs frühzeitig diagnostiziert wird, auch wenn eine Chance der Heilung besteht, werden die Kranken ihre bösartige Krankheit immer mit einer katastrophalen, destruktiven Macht in Verbindung bringen, die auf sie losgelassen wird. Damit geht ein Gefühl der Ohnmacht und Hilflosigkeit Hand in Hand.

Wer das begreift, wird auch die Sprache verstehen, die vor allem Kinder verwenden, wenn sie ihr Wissen um ihren bevorstehenden Tod mitteilen wollen. Die Symbolsprache besteht aus zwei verschiedenen Sprachen. Kleine Kinder im Alter von vier bis zehn oder zwölf Jahren werden eine nonverbale Symbolsprache verwenden. Sie verwenden Zeichnungen, Bilder, Teddybären, Puppen oder Puppenhäuser, durch die sie in symbolischen Gesten über ihr Sterben sprechen. Ältere Kinder, Jugendliche und Erwachsene gebrauchen häufiger eine verbale Symbolsprache.

Ein Beispiel der *nichtverbalen Symbolsprache* lieferte ein dreizehnjähriger Junge, der ein Jahr lang in der Kinderklinik auf eine Nierentransplantation wartete. Er war ein böser, verstockter, deprimierter Junge, der immer so tat, als wollte er kleine Mädchen auf der Krankenstation erschießen, und damit seine Pflegerinnen in Aufregung versetzte. Eines Tages wurde ich gebeten, einzuschreiten, weil Bobbys Verhalten untragbar geworden war und er die anderen kranken Kinder mit seinem symbolischen Erschießen bedrohte. Ich beobachtete ihn eine Zeitlang, ohne daß er mich sah, und bemerkte, daß er nur kleine Mädchen erschoß. Ich ging darauf in sein Zimmer und fragte ihn: »Bobby, kannst du dir nicht manchmal einen Jungen aussuchen?« Ich wollte ihm zu verstehen geben, daß ich ihn nicht dafür verurteilte, daß er andere Kinder »erschoß und tötete«, sondern daß ich herausbringen wollte, warum er bestimmte »Opfer« wählte. Er drehte sich um und sagte: »Haben Sie auch bemerkt, daß ich nur kleine Mädchen nehme, die alle gesunde Nieren haben?« Ich verneinte in diesem Augenblick, weil ich nicht glauben konnte, daß dieser kleine Junge mehr über den Gesundheitszustand dieser kranken Kinder wußte als ich. Ich wußte nicht einmal, bei welchen Kindern die Niere angegriffen war und bei welchen nicht. Durch sein symbolisches Erschießen von kleinen Mädchen wollte er andeuten, daß er ungeduldig war und daß sie schnell sterben sollten, damit er eine Lebenschance hätte. Ich hoffe, man erkennt, wie wichtig es ist, solche Patienten nicht zu verurteilen! Man darf ihnen auf keinen Fall sagen, daß sie schlimm sind und sich besser benehmen sollen. Es ist wichtig, daß wir die nichtverbalen Kommunikationen dieser verzweifelten Kinder verstehen und sie für sie übersetzen, um ihnen zu helfen, sie verbal auszudrücken, damit wir ihre Ungeduld und ihren Zorn mittragen können – in Bobbys Fall sein langes Warten im Krankenhaus mit so wenig Hoffnung auf das rechtzeitige Eintreffen einer Niere.

Die verbale Symbolsprache wird von älteren Kindern, Jugendlichen und Erwachsenen verschiedenen Alters verwendet, die einfach Angst haben zu sterben. Dies sind jedoch auch die Patienten, die am wenigsten verstanden werden, weil in unseren Schwesternschulen, medizinischen Fakultäten, Seminaren und Ausbildungsstätten für Sozialarbeiter die Symbolsprache nicht ausreichend gelehrt wird. Ein Beispiel einer verbalen Symbolsprache gab die kleine Susan, die mit acht Jahren im Krankenhaus starb. Sie lag in einem Sauerstoffzelt allein in einem Zimmer, ein stilles, braves Mädchen, das anderen Menschen nie ihr Wissen um ihren bevorstehenden Tod anvertraute. Jeder mochte sie gern, weil sie den Erwachsenen nicht lästig war, aber sie wußte, daß sie im Sterben lag. Erinnern wir uns an die Definition von Todesangst, nämlich als eine Angst vor einer katastrophalen, destruktiven Macht, die einen überfällt und der man ohnmächtig gegenübersteht. Einmal rief Susan mitten in der Nacht ihre Lieblingsschwester und fragte nur: »Was geschieht, wenn ich im Sauerstoffzelt bin und Feuer ausbricht?« Die Schwester sah sie erstaunt an und sagte: »Hab keine Angst, hier raucht niemand.« Dann verließ sie das Zimmer, aber dann hörte sie einen Augenblick auf ihre instinktive Reaktion »aus dem Bauch«, wie wir sagen. Ihr wurde bewußt, daß sie etwas sehr Wichtiges überhört hatte, aber sie wußte nicht, was es war.

Diese junge Krankenschwester hatte den Mut, ihrer Intuition nachzugeben, und rief mitten in der Nacht die Oberschwester an. Dazu war Mut nötig, denn die meisten von uns würden sich darüber hinweggesetzt und sich gesagt haben: »Ach, es ist nicht so wichtig«, weil wir nicht gerne andere Leute mitten in der Nacht behelligen. Sie hatte glücklicherweise eine verständnisvolle Oberschwester, die sie für ihre Reaktion nicht verurteilte und die sich außerdem sehr gut auf die Sprache sterbender Kinder verstand. Die ältere Schwester sagte der jüngeren, daß dieses kleine Mädchen mit ihr über das Sterben reden wollte. Sie riet ihr, in das Zimmer des Mädchens zurückzugehen, sich einfach hinzusetzen und zuzuhören. Die junge Krankenschwester hatte Hemmungen, das zu tun, und brachte wiederum den Mut auf, das einzugestehen.

Die ältere Schwester kam nun ins Krankenhaus, besuchte das Mädchen und fragte einfach: »Was hast du über das Sauerstoffzelt und das Feuer gesagt?« Die Kleine wiederholte ihre Frage, und die Schwester tat etwas sehr Schönes: Sie öffnete das Sauerstoffzelt und legte sich mit ihrem Oberkörper auf das Kissen des Mädchens, ganz dicht bei ihr, und fragte: »Ist das so besser?« Susan begann zu weinen. Sie dachte eine Weile nach und sagte dann schlicht: »Ich weiß, daß ich sehr bald sterben werde, und muß mit irgend jemandem darüber reden.« Sie redeten ungefähr fünfundvierzig Minuten miteinander und teilten sich alles mit, was gesagt werden mußte, und die Schwester fragte sie, wie wir es bei allen unseren neuen Patienten tun: »Kann ich noch irgend etwas für dich tun?« Das Kind seufzte tief und sagte: »Ja, wenn ich nur mit meiner Mutter so reden könnte.«

Die Schwester nahm diesen Wunsch zur Kenntnis und sagte dem Mädchen gute Nacht. Am nächsten Morgen bat sie die Mutter in ihr Sprechzimmer und erzählte ihr von dem Gespräch in der Nacht vorher. Alles ging gut bis zum letzten Augenblick, als die Schwester der Mutter mitteilte: »Ganz zum Schluß sagte Ihre Tochter, wenn sie doch nur einmal mit Ihnen so sprechen könnte.« Die Mutter stand abrupt auf, schob die Schwester fort und lief aus dem Sprechzimmer und rief: »Nein, nein, nein, ich kann nicht, ich kann nicht!« Diese Mutter besuchte ihr Kind nie wieder allein. Das Kind starb, ohne mit seiner Mutter allein gesprochen zu haben. Die Mutter kam zu allen Besuchsstunden, aber von diesem Tag an nahm sie immer drei oder vier andere Kinder von der Station mit und verschanzte sich hinter ihnen, damit ihre Tochter es nicht wagen würde, über ihr Sterben zu sprechen. Das war unser Fehler, aber ich möchte nicht nur von unseren Erfolgen, sondern auch von unseren Fehlern erzählen, weil ich meine, daß wir mehr aus unseren Fehlern als aus unseren Erfolgen lernen können. Bei dieser Patientin bestand das Problem darin, daß wir nur auf das Bedürfnis des Kindes achteten. Es ist sehr wichtig, daß wir das Abwehrverhalten anderer Menschen respektieren. Wir müssen auch auf ihre Bedürfnisse hören und dürfen nicht unsere eigenen Bedürfnisse auf sie übertragen.

In diesem Fall achteten wir genau auf die Bedürfnisse des kleinen Mädchens, aber in unserem ehrgeizigen Bemühen, dieser kleinen Patientin zu helfen, mißachteten wir die Bedürfnisse der Mutter. Wenn wir dem Kind wirklich aufmerksam zugehört hätten, hätten wir gewußt, daß die Mutter für eine solche Aussprache noch nicht bereit war. Das wußte sogar Susan. Sie wußte, daß ihr Tod nahe bevorstand und daß sie wahrscheinlich sterben würde, ehe die Mutter bereit war, sich damit auseinanderzusetzen. Als sie spürte, daß sie nicht mehr viel Zeit hatte, suchte sie in der jungen Krankenschwester eine Ersatzmutter. Wenn wir dies erfaßt hätten, hätten wir die Mutter trotzdem aufgefordert, sich einen Teil des Gesprächs berichten zu lassen, hätten sie jedoch gebeten, uns zu sagen, wann wir aufhören sollen, damit wir nicht zu schnell vorgehen für jemanden, der noch nicht bereit ist, den Dingen ins Auge zu sehen. Wir haben nicht immer Erfolg, aber es ist wichtig, daß wir zu dieser Patientin aufrichtig waren und ihr sagten, daß wir gerne mit ihrer Mutter sprechen wollten, doch das Gefühl hätten, daß die Mutter noch nicht soweit war. Dann wurden wir die Ersatzmütter, so daß Susan mit einer Krankenschwester über die Dinge reden konnte, die sie lieber mit ihrer Mutter besprochen hätte, falls diese rechtzeitig die nötige Hilfe bekommen hätte, mit dem Tod ihrer kleinen Tochter fertig zu werden.

Bisher habe ich über die Mitteilungen der Patienten gesprochen und über ihr Bedürfnis, über ihren bevorstehenden Tod zu reden. Ich möchte jetzt etwas darüber sagen, wie Patienten sich ausdrücken, wenn sie nicht die Tatsache, *daß* sie im Sterben liegen, mitteilen wollen, sondern *wann* sie sterben werden. Manchmal mache ich im Krankenhaus die Runde und gebe den Patienten nach europäischer Sitte die Hand. Eine Sterbende hält meine Hand auf eine andere Art, und ich sehe sie an und frage sie: »Ist es das letzte Mal?« Die Patientin nickt. Darauf verabschiede ich mich von ihr, und am nächsten Morgen ist das Bett leer. In dieser nichtverbalen Art teilen Kranke uns manchmal mit, daß ihr Tod nahe ist. Ein anderes Beispiel ist ein alter Mann, der bei uns im

Haus wohnte. Die Ärzte gaben ihm zwei Monate, aber er lebte noch zweieinhalb Jahre. In unseren Augen ist es ein Unfug, den Patienten zu sagen, daß sie noch eine bestimmte Anzahl von Monaten zu leben haben, weil diese Information so gut wie nie stimmt. Als dieser Mann seinem Ende nahe war, besuchte ich ihn eines Morgens mit einer Tasse Kaffee und einem Stück Kuchen. Er blickte unvermittelt auf und sagte: »Ich möchte dir ein Geschenk machen.« »Ein Geschenk?« erwiderte ich. Das sah ihm nicht ähnlich. Er sagte: »Ja, ich möchte dir meinen Stock schenken.« Es lag mir auf der Zunge, zu sagen: »Aber du brauchst doch deinen Stock.« Dieser Stock war sein einzig wichtiger Besitz auf Erden; ohne ihn konnte er nicht einmal auf die Toilette gehen. Doch dann hörte ich auf meine Reaktion »aus dem Bauch« und sagte nichts. Ich nahm seinen Stock an und ging damit aus dem Zimmer. Als ich zurückkam, um die Kaffeetasse zu holen, war er gestorben.

Mit diesem Beispiel möchte ich etwas Wichtiges mitteilen, nämlich daß die Kranken nicht nur von der Tatsache ihres bevorstehenden Todes sprechen, sondern auch von seinem Zeitpunkt. Ärzte, Schwestern und Pfleger können ihn von ihren Patienten erfahren; aber dies ist fast unmöglich, wenn es sich um ein Mitglied der eigenen Familie handelt. Wäre dieser Mann nach zweieinhalb Jahren Zusammenleben nicht zu einem Familienmitglied geworden, hätte ich ihn verstanden. Wenn er ein Patient von mir gewesen wäre und gesagt hätte: »Ich möchte Ihnen meinen Stock schenken«, hätte ich verstanden, was er damit sagen wollte. Dann hätte ich mich zu ihm setzen und ihn fragen können: »Du brauchst deinen Stock nicht mehr, gelt?«, und er hätte verneint, und dann hätten wir darüber sprechen können. Da er aber ein Mitglied meiner Familie war, überhörte ich seine

Botschaft, und sie wurde mir erst bewußt, als er schon tot war. Ich betone dies, damit sich keiner grämt, der von diesen Fällen aus meinem Patientenkreis liest und an Mitglieder seiner eigenen Familie denkt, die im Sterben lagen und ihm vielleicht Dinge mitteilen wollten, die er nicht verstehen konnte.

Die fünf Stadien

Wir haben Patienten gefragt, ob es ihnen lieber gewesen wäre, wenn man ihnen die Ernsthaftigkeit ihrer Krankheit früher mitgeteilt hätte, um ihnen mehr Zeit zu geben, sich damit auseinanderzusetzen. Die Mehrzahl unserer Patienten teilte uns mit, daß es ihnen lieber gewesen wäre, wenn ihr Arzt von Anfang an aufrichtig zu ihnen gewesen wäre, wenn sie frühzeitig erfahren hätten, daß sie schwer krank waren, und genügend Zeit gehabt hätten, sich damit abzufinden und Fragen nach Einzelheiten zu stellen, wenn sie bereit gewesen wären, die Antworten aufzunehmen. Patienten, die diesen Wunsch aussprachen, setzten jedoch zwei Bedingungen hinzu, die erfüllt werden müssen, damit ein Patient mit seinem bevorstehenden Tod fertig wird.

Die wichtigere ist die, daß der Arzt immer Raum für Hoffnung lassen soll. Dabei muß man beachten, daß die Hoffnung am Anfang einer ernsten Krankheit etwas völlig anderes ist als die Hoffnung am Ende des Lebens. Am Beginn einer bösartigen Krankheit besteht die Hoffnung des Patienten immer darin, daß die Diagnose nicht stimmt. Wenn die Diagnose sich bestätigt, hofft er, daß die bösartige Krankheit sich in einem frühen Stadium befindet und noch behandelt werden kann. Die Hoffnung in diesem Stadium bezieht sich also immer auf Heilung, Behandlung und Verlängerung des Lebens. Wenn diese drei nicht mehr wahrscheinlich sind – ich sage nicht: unmöglich, weil es immer Ausnahmefälle gibt –, dann verwandelt sich die Hoffnung des Patienten in eine neue, die nichts mehr mit Heilung, Behandlung und Verlängerung des Lebens zu tun hat. Dann sagt er vielleicht eines Tages schlicht: »Hoffentlich wird etwas aus meinen Kindern«, oder: »Ich hoffe, daß Gott mich in sein Reich aufnimmt.« Auch das ist Hoffnung.

Die zweite Bedingung besteht darin, daß der betreuende Arzt den Patienten nicht im Stich läßt. Dies bedeutet einfach, daß wir uns noch als Menschen um ihn kümmern, auch wenn der Zustand des Patienten das Bedürfnis des Arztes, zu heilen, zu behandeln und das Leben zu verlängern, nicht mehr erfüllen kann.

Um anderen weiterzugeben, was wir von unseren sterbenden Patienten gelernt haben, suchten wir nach gemeinsamen Erfahrungen und stellten fest, daß die meisten Patienten fünf Stadien durchmachen. Wenn sie sich ihrer möglicherweise tödlichen Krankheit bewußt werden, ist die erste Reaktion meistens Schock und Nichtwahrhabenwollen. Das ist die »Nein, nicht ich«-Stufe, wie wir sie nennen. Die meisten Menschen glauben nicht, daß ihnen so etwas zustoßen könnte; daß es wohl diesem oder jenem geschehen könnte, aber nicht ihnen selbst. Wenn Patienten sich in dieser Phase des Leugnens befinden, hören sie nicht, was wir ihnen vermitteln wollen. Wenn der Arzt ihnen Einzelheiten über ihre ernste Krankheit mitteilt, registrieren sie diese kurz und verdrängen sie dann. Wenn sie zu ihrer Arbeit zurückgekehrt sind, tun sie oft so, als sei ihnen nichts Schlimmes zugestoßen, und stecken den Kopf in den Sand. Andere gehen von einem Arzt zum anderen, von einer Klinik zur anderen, in der verzweifelten Suche nach einem Menschen, der ihnen sagt, daß es nicht stimmt. Wenn ein Patient sich im Zustand des Leugnens befindet, kann man zweierlei für ihn tun.

Stellen Sie zum ersten fest, ob es sich um ein Problem von Ihnen oder um ein Bedürfnis des Patienten handelt. Neun von zehn Patienten, die an uns verwiesen werden und sich angeblich in der Phase des Leugnens befinden, sind gar nicht in dieser Phase, aber sie nehmen schnell wahr, daß Sie nicht darüber reden können. Dies drückt sich in der Tatsache aus, daß Sie das Zimmer betreten und über die schönen Blumen oder das gute Wetter sprechen. Dann machen die Kranken bei dieser Verschwörung des Schweigens mit, damit Sie sie nicht im Stich lassen. Wenn Sie mit sich zu Rate gegangen und sicher sind, daß es nicht ein Leugnen Ihrerseits ist, können Sie diesen Patienten vermitteln, daß Sie jederzeit zur Verfügung stehen, wenn sie davon reden wollen. Wenn ein Patient das Leugnen dann aufgibt und kurz mit einem anderen Menschen darüber reden will, wird er sich an Ihre Bemerkung erinnern und Sie rufen. Unglücklicherweise geben die Patienten ihr Leugnen gewöhnlich nicht zwischen 9 und 16 Uhr 30 auf, sondern mitten in der Nacht, meistens zwischen 2 und 3 Uhr früh. Um diese Zeit wachen sie auf, wenn ihre Abwehrkräfte schwach sind, wenn es im Zimmer still, einsam und dunkel ist, und dann überkommt es sie – so würde es also sein! Dann sollten sie klingeln dürfen, und der Geistliche, die Schwester oder ein Freund sollte auf Zehenspitzen ins Zimmer kommen, sich hinsetzen und einfach fragen dürfen: »Möchtest du jetzt darüber sprechen?« Wenn Sie das fertigbringen, werden Sie um 3 Uhr morgens in zehn Minuten mehr hören als in zehn Stunden während des Tages. Dann kann ein Patient über seine Ängste, seine Bedürfnisse, seine Wunschträume, seine

Hoffnungen und die unerledigten Dinge sprechen und doch unter Tags oft wieder in das Leugnen zurückfallen, wenn er mit Menschen beisammen ist, die Hemmungen haben, darüber zu reden.

Ich möchte zwei Beispiele geben. Das eine betrifft eine Frau, die bis zum letzten Tag ihres Lebens das Leugnen nötig hatte. Das andere betrifft einen Mann, der anscheinend in der Phase des Leugnens war, aber offensichtlich wußte, wie es um ihn stand, obwohl sonst niemand dieser Tatsache ins Auge sehen mochte.

Frau W. war eine achtundzwanzigjährige Mutter mit drei kleinen Kindern im Vorschulalter. Sie hatte eine Leberkrankheit, und aus diesem Grunde fiel sie immer wieder in ein hepatisches Koma, in Zustände der Geistesverwirrung und in psychotische Schübe. Sie war eine junge Frau und meinte, daß sie zu jung war zum Sterben. Sie hatte eigentlich nie Zeit gehabt, mit den Kindern zusammenzusein. Während ihrer Zeiten der Verwirrung war sie völlig orientierungslos. Sie mußte immer wieder ins Krankenhaus; ihr Mann mußte ein Darlehen aufnehmen, um die Klinik- und Ärzterechnungen bezahlen zu können. Er hatte Schwierigkeiten, einen Babysitter zu finden, und bat schließlich seine Mutter, ins Haus zu kommen und die Kinder zu versorgen. Die Schwiegermutter war auf ihre Schwiegertochter nicht gut zu sprechen und hätte es am liebsten gesehen, wenn alles möglichst bald überstanden gewesen wäre.

Der junge Vater hatte große Sorgen wegen seiner finanziellen Probleme und der Unordnung seines Haushalts. Eines Tages kam er müde und verzweifelt von seiner Arbeit nach Hause und schrie seine sterbende Frau an: »Es wäre gescheiter, du würdest dich einen einzigen Tag lang wie eine Hausfrau und Mutter benehmen, anstatt dieses Elend weiter hinzuschleppen!« Die junge Frau spürte, daß ihr Mann ihre Tage zählte. Die Schwiegermutter wollte sie so bald wie möglich los sein, und die drei Kinder machten es ihr auch nicht leichter, denn sie fühlte sich noch mehr schuldbewußt, weil sie sie im Stich ließ. In ihrer Verzweiflung ging sie ins Krankenhaus auf der Suche nach einer Hoffnung. Ein junger, an diesem Tag sehr beschäftigter Arzt sagte ihr einfach: »Ich kann nichts mehr für Sie tun.« Er entließ sie, ohne eine weitere Sprechstunde mit ihr zu vereinbaren.

Was würden Sie tun, wenn Sie diese junge Frau wären? Sie hatte drei Möglichkeiten, sich zu wehren. Eine kurze Zeitlang hatte sie eine mörderische Wut. Dann zog sie einen Selbstmord in Betracht – aber sie wollte eigentlich nicht sterben. Es kommt oft vor, daß solche Patienten sich dann der Illusion hingeben, in einer besseren Welt zu leben, und das gilt auch für Leute, die normalerweise keine psychotischen Abwehrmechanismen gebrauchen. Diese Frau hatte zu dieser Zeit keine der drei Möglichkeiten der Abwehr nötig. Sie hatte eine Nachbarin, die ihr zuhörte und ihr sagte: »Geben Sie nie die Hoffnung auf. Wenn niemand und nichts Ihnen Hoffnung gibt, können Sie immer noch zu einem Heiler gehen!« Die Nachbarin brachte sie zu einem Priester in der Hoffnung, daß er sie anhören würde. Aber er konnte es nicht wegen seiner eigenen Ängste. Er sagte ihr, daß eine gute Katholikin nicht zu einem Gesundbeter geht. Er hörte jedoch nicht, daß es dieser Patientin im Grunde gar nicht darum ging, sondern daß sie um Hoffnung bat, die er ihr natürlich hätte geben können. Sie verließ den Priester noch bekümmerter und beunruhigter und zweifelte sogar an ihrem religiösen Glauben. Sie ging dann doch zu dem Geistheiler und ging angeblich geheilt fort. Und dann tat sie etwas, was viele Menschen befremdet – sie erzählte jedem von dem Wunder, wie Gott sie geheilt habe. Die Menschen gingen ihr aus dem Weg. Einige Tage später war sie zu Hause und hörte auf, ihre Medikamente zu nehmen und die Diät einzuhalten, der sie dringend bedurfte. Sie fiel wieder in ein hepatisches Koma und wurde von ihrer Familie, für die die Situation untragbar geworden war, in der Notaufnahme abgeladen. Sie warteten nicht einmal, bis der Arzt kam.

Auf der Krankenstation vollzog sich die gleiche Tragödie. Die Patientin wurde gut versorgt, solange sie in einem kritischen Zustand war, doch sobald sie aus ihrem hepatischen Koma heraus war, ging sie in flatterndem Nachthemd den Korridor auf und ab und erzählte jedem von dem Wunder und wie Gott sie geheilt hatte. Man wollte sie auf der Station nicht mehr behalten und beantragte eine Überweisung in die Psychiatrie. Dort war man gegen die Aufnahme von todkranken Patienten und wollte sie ebenfalls nicht haben. Wir nennen so etwas das Ping-Pong-Spiel. Es ist eine tragische Begleiterscheinung unserer großen Universitätskliniken. Und obwohl diese Absprachen hinter geschlossenen Türen stattfinden, spürt der Patient sehr schnell, daß niemand ihn haben will.

Als ich diese Frau in einer Konsultation zu sehen bekam, fiel mir auf, daß sie von nichts anderem reden konnte als von dem Wunder Gottes. Sie war nicht einmal in der Lage, über ihre Kinder zu sprechen. Ich unterhielt mich mit ihr über das angebliche Wunder, doch während ich ihr zuhörte, sah ich auch ihren Nachttisch und all die Dinge, mit denen sie sich umgab. Ich gewann den Eindruck, daß diese Frau alle Gegenstände mitgenommen hatte, die eine Frau einpacken würde, wenn sie einige Wochen in einem Hotel verbringen will. Die Lockenwickler, die Bücher, das Schreibpapier deuteten darauf hin, daß sie wußte, daß sie eine lange Zeit in der

Klinik zubringen würde. Dann dämmerte mir, daß sie vermutlich eine derjenigen Patienten war, die ihren Zustand bis an ihr Lebensende leugnen müssen, weil die Realität zu schwer zu ertragen ist. Ich tat etwas, was wir in der Psychiatrie selten tun. Ich sagte ihr, daß ich ihr dabei helfen würde, ihr Leugnen aufrechtzuerhalten, daß ich nie mit ihr über die Ernsthaftigkeit ihrer Krankheit oder über ihr Sterben reden würde, aber nur unter zwei Bedingungen. Die eine war, daß sie unsere Hilfe annahm, und das bedeutete, daß sie ihre Diät einhielt und ihre Medikamente schluckte. Die zweite Bedingung war, daß sie aufhörte, in die Kantine zu gehen und sich vollzustopfen, denn das kam einem maskierten Selbstmordversuch gleich. Ich sagte ihr nicht, daß sie nicht mehr in den Korridoren umherschweben und von dem Wunder Gottes reden sollte, aber sie stellte dieses Verhalten auffallenderweise von selbst ein, sobald sie wußte, daß jemand sie oft besuchen und sie nicht im Stich lassen würde.

Ich besuchte diese Frau, sooft ich einen Moment frei hatte. Ich glaube, sie lehrte mich, was bedingungslose Liebe ist. Sie war die einsamste Patientin, die ich in all den Jahren meiner ärztlichen Praxis gesehen habe. Man behielt sie auf der medizinischen Station, aber sie wurde in das letzte Zimmer am Ende des Korridors, am weitesten entfernt von der Schwesternstation, gelegt. Es wurde ihr nicht nur eine, sondern es wurden zwei Türen für immer zugeschlagen. Sie hatte niemals Besuch. Sie war das Bild grenzenloser Einsamkeit und Isolierung. Einmal besuchte ich sie und sah, wie sie unruhig auf der Kante ihres Bettes saß, mit zerrauften Haaren und dem Telefonhörer in der Hand, ohne hineinzusprechen. Ich fragte: »Was machen Sie denn nur?« Sie sah mich mit einem erbarmungswürdigen Lächeln an und sagte: »Ach, ich wollte nur einmal ein Geräusch hören.« Dies ist die

Einsamkeit der sterbenden Patienten, von denen hier die Rede ist. Einige Wochen später, als ich sie weiterhin besuchte, war ich von dem Gestank und der schlechten Luft in ihrem Zimmer schockiert. Meine instinktive Reaktion war, die Fenster zu öffnen und etwas frische Luft ins Zimmer zu lassen. Als ich sie noch einmal ansah, wie sie steif, mit angelegten Armen und einem seltsamen Lächeln auf dem Gesicht (das ein Psychiater hebephren nennen würde) in ihrem Bett lag, fuhr ich sie an: »Worüber lächeln Sie denn bloß?« Damit wollte ich zu verstehen geben, daß in diesem Zimmer weiß Gott nichts war, worüber man hätte lächeln können! Sie blickte mich beinahe verwundert an und sagte: »Sehen Sie nicht diese herrlichen Mimosen, diese wunderbaren Blumen, mit denen mein Mann mich umgeben hat?«

Wovon sprach diese Patientin? Es erübrigt sich, zu sagen, daß keine Blumen im Zimmer waren. Wir hatten diese Frau als Psychotikerin betrachtet, und das bedeutet, daß sie ihren Realitätssinn verloren hatte. Auf einer anderen Ebene besaß sie jedoch einen hervorragenden Realitätssinn. Sie wußte nur zu gut, daß sie ohne den Ausdruck von Liebe, vor allem von seiten ihres Mannes, nicht leben konnte. Aber sie war realistisch genug, die Tatsache anzuerkennen, daß diese Liebesbeweise in Form von Blumen erst nach ihrem Tod eintreffen würden, wenn sie in ihrem Sarg läge. Um leben zu können, hatte sie sich eine Illusion aufgebaut mit Hilfe der Blumen, die ihr Mann ihr nach ihrem Tod schicken würde.

Was würden Sie tun, wenn Sie diese Patientin besuchen würden und ihre Symbolsprache verstünden? Würden Sie ihr helfen, der Wirklichkeit ins Auge zu sehen, und die Fenster öffnen, »um frische Luft hereinzulassen«? Oder würden Sie sich auf die Blumen beziehen, die sie eben sehen mußte, um leben zu können, auch wenn sie nicht vorhanden waren? Die Fenster zu öffnen und frische Luft hereinzulassen wäre eine taktlose Ehrlichkeit gewesen, die ihr nicht geholfen hätte. Ich bin sicher, daß viele Menschen versucht gewesen wären, auf die illusionären Blumen einzugehen, weil sie diese brauchte, um leben zu können, aber das ist nicht nötig. Wenn man keine Blumen sieht, sollte man nicht so tun, als wären sie vorhanden. Ich wollte schon nach Hause in meinen Garten gehen und ein paar echte Blumen pflücken und sie ihr bringen, aber auch dies war nicht nötig. Worum bat diese Patientin in Wirklichkeit? Bat sie denn um Blumen? Nein! Diese Patientin bat ganz einfach um etwas Liebe, am liebsten von ihrem Ehemann. Wir konnten ihren Mann nicht mehr dazu bewegen, sie zu besuchen. Dies ist der schwierigste Teil unserer Arbeit mit Sterbenden und deren Familien. Wenn eine Familie sich umgestellt und »den Patienten abgeschrieben« hat, ist sie zu keiner Wiederaufnahme der Beziehung bereit. Dann müssen wir ersatzweise als Liebesobjekt oder als Familie einspringen.

Ich setzte mich einfach zu ihr. Ich öffnete nicht die Fenster und brachte ihr keine Blumen. Ich saß einfach bei ihr und hielt ihre Hand. Während eines meiner letzten Besuche saß ich bei ihr und hatte wohl den starken Wunsch, mit ihr über ihren Zustand zu sprechen. Ich sah sie mit fragendem Blick an und wollte damit sagen: »Können wir jetzt endlich davon reden?« Sie lächelte und sagte: »Wissen Sie, wenn meine Hände immer kälter werden, hoffe ich, daß ich so warme Hände bekomme wie Sie, während Sie meine halten.«

Spricht diese Frau vom Sterben? Wenn man akzeptiert, daß auch diese Art der Kommunikation ein Gespräch über das Sterben ist, was wir natürlich tun, dann kann ich sagen, daß Tausende von Patienten über ihr Sterben gesprochen haben, ob sie auf der Stufe des Leugnens stehenblieben oder ob sie sich zu den nächsten Stufen durchringen konnten. Unter den vielen Patienten, deren Sterben wir verfolgt haben, gab es nur ganz wenige, die bis zu ihrem Ende das Leugnen nötig hatten. Es ist sehr wichtig, dieses Leugnen nicht zu entlarven, sondern die Bedürfnisse des Patienten und seine innere Abwehr zu respektieren. Aber sogar diejenigen, die bis zuletzt an ihrem Nichtwahrhabenwollen festhielten, waren imstande, ihr Wissen um ihren bevorstehenden Tod in einer verbalen oder nichtverbalen Symbolsprache zu vermitteln.

Mein zweiter Fall ist ein dreiundfünfzigjähriger Mann, Herr H., der mit Krebsmetastasen in die Klinik eingeliefert wurde. Medizinisch war ihm nicht mehr zu helfen, und da seine Frau sich weigerte, ihn zum Sterben nach Hause zu nehmen, war guter Rat teuer, was mit ihm geschehen sollte. Sie war von ihrem Mann tief enttäuscht, der offenbar nie ihre Bedürfnisse befriedigt hatte. Es handelte sich dabei um zwei Grundbedürfnisse oder Wunschträume, die unerfüllt geblieben waren. Sie hatte immer davon geträumt, einen Mann mit einem starken, muskulösen Körper zu bekommen, der viel Geld heimbrachte, doch er erfüllte weder das eine noch das andere Bedürfnis. Das nahm sie ihm übel und war verbittert, als er auf »Haut und Knochen« herunterkam und die Rechnungen wuchsen, und sie beschloß, ihn lieber in ein Pflegeheim zu schicken, als ihn zu Hause zu Tode zu pflegen. Auf diese Weise würde sie weiterarbeiten und Geld verdienen können, ohne daß er ihr »lästig fiel«. Das Problem wurde dringlich, da im Pflegeheim ein Bett für den nächsten Tag zur Verfügung stand, aber Herrn H. war von seiner Entlassung aus der Klinik und seiner Übersiedlung in ein Pflegeheim noch nichts gesagt worden. Die Ärzte wußten nicht, wie sie einem dreiundfünfzigjährigen Mann beibringen sollten, daß er zum Sterben in ein Pflegeheim gehen mußte. Die Schwestern, die sich immer darüber beklagen, daß die Ärzte nicht aufrichtig sind, erhielten die Genehmigung, Herrn H. zu informieren. Sie erklärten, daß dies nicht ihre Aufgabe, sondern die eines Sozialarbeiters sei! Schließlich besuchte eine Fürsorgerin Herrn H. mit dem Vorsatz, ihm zu eröffnen, daß er in ein Pflegeheim gebracht werden sollte. Sie merkte jedoch schnell, daß die nächste Frage des Patienten lauten würde: »Warum kann ich nicht nach Hause gehen?«, und dann wäre sie gezwungen, ihm zu sagen, daß seine Frau ihn nicht zu Hause haben wollte und daß er Krebs hatte. Die Fürsorgerin wandte sich schließlich um Rat und Hilfe an mich.

Als ich Herrn H. besuchte, sagte ich ihm, daß ich ein Seminar veranstaltete, in dem wir lernen wollten, wie man sich mit schwerkranken und sterbenden Patienten verständigt. Er erklärte bereitwillig, daß er an dem Seminar gerne teilnehmen wollte, und auf dem Weg in den Unterrichtsraum fragte ich ihn, warum er zugestimmt hatte, obwohl jeder vorausgesagt hatte, daß er nicht kommen würde. Er antwortete: »Ach, das ist sehr einfach. Sie haben nämlich von ›Verständigung‹ gesprochen. Ich habe verzweifelt versucht, mich mit meiner Frau zu verständigen, aber es gelingt mir einfach nicht, und jetzt bleibt mir nur noch so wenig Zeit.« In einem einzigen Satz hatte mir Herr H. mitgeteilt, daß er noch etwas zu erledigen hatte und sich dessen bewußt war, daß ihm nur noch wenig Zeit zur Verfügung stand. Im Unterrichtsraum fragte ich ihn: »Herr H., wie krank sind Sie?« Er antwortete: »Wollen Sie es wirklich wissen?« Darauf sagte ich: »Ja!« und meinte es im Ernst. Darauf sagte er mir: »Mein ganzer Körper ist voll Krebs.« Meine erste Reaktion war Angst und beinahe Zorn. Ich dachte, daß dieser Mann

45

uns alle an der Nase herumgeführt hatte. Die Ärzte, die Krankenschwestern, die Fürsorgerin und seine Frau meinten, daß er die schlimme Nachricht nicht würde verkraften können, und doch wußte er schon die ganze Zeit Bescheid. Ich wußte nicht, wie ich ihm sagen sollte, daß er am nächsten Tag in ein Pflegeheim kommen sollte, und hatte Angst davor. In diesem Augenblick sah er zu mir auf, fast wie ein spitzbübischer Junge, und sagte: »Wissen Sie, Frau Dr. Ross, ich weiß nicht nur, daß mein Körper voll Krebs ist, ich weiß auch, daß ich in ein Pflegeheim gebracht werden soll.« Ich fragte ihn, wieso er dies alles wisse, und er sagte mit einem noch breiteren Lächeln: »Wenn Sie wie ich fünfundzwanzig Jahre mit meiner Frau verheiratet gewesen wären, würden Sie sie kennen.« Wir fragten Herrn H., auf welche Weise wir ihm helfen könnten, und er wurde unendlich traurig und sagte: »Sie können mir nicht helfen... Niemand kann mir im Grunde helfen außer meine Frau, und sie will es nicht. Ich habe ihre Bedürfnisse nie erfüllt, und wenn ich ihr so zuhöre, dann könnte ich schon morgen sterben, und es gäbe nichts in meinem Leben, was einen Sinn, einen Wert und einen Zweck gehabt hätte. Es ist sehr traurig, so zu sterben.« Es lag auf der Hand, daß er es nötig hatte, von seiner Frau zu hören, daß es etwas in seinem Leben gab, was einen Zweck hatte, aber das wollte sie ihm nicht sagen. Ich sagte ihm, daß ich gerne mit seiner Frau sprechen würde, bevor er am nächsten Tag die Klinik verließ, aber er lachte mir ins Gesicht und sagte: »Sie kennen meine Frau nicht. Sie hat dreihundert Pfund Wut im Leib und würde nie herkommen und mit einem Psychiater reden!«

Ich versuchte es trotzdem. Nach diesem Gespräch, das den Patienten mit so vielem entließ, was noch nicht erledigt war, mußte ich versuchen, seiner Frau beizubringen, wie wichtig es für ihren Mann war, daß sie ihm sagte, daß etwas in seinem Leben positiv war. Ich rief sie an und bat sie, am nächsten Morgen zu mir zu kommen, bevor sie ihren Mann in das Pflegeheim brachte, damit ich eine halbe Stunde mit ihr sprechen könnte. Sie sagte zu, widerwillig und zornig, wie ihr Mann sie geschildert hatte. Sie saß mir dann am Schreibtisch gegenüber und wiederholte fast wörtlich, was Herr H. uns von ihrer Meinung über ihn mitgeteilt hatte. Sie sagte, daß ihr Mann schwach sei, daß er nie ihre Bedürfnisse befriedigt habe, daß er nie viel Geld heimbrachte und daß er, als sie ihm eines Tages einen Rasenmäher gab, in Ohnmacht fiel. Sie setzte ihre vernichtenden Äußerungen über ihren Mann fort, bis ich genug hatte und sie bat, damit aufzuhören. Ich wiederholte einige ihrer Äußerungen und sagte ihr, daß ich dies täte, um sicherzugehen, recht gehört zu haben. Ich fuhr fort: »Was Sie Ihrem Mann im Grunde vorwerfen, ist also, daß er schwach ist und daß er morgen sterben könnte und daß er keinem Menschen fehlen würde. Er war so schwach, daß er in Ohnmacht fiel, als sie ihm einmal einen Rasenmäher gaben.«

Mitten in meiner Wiederholung ihrer eigenen Aussagen stand sie plötzlich wütend auf und brüllte mich an: »Wie können Sie es wagen, mir so etwas über meinen Mann zu sagen!« Meine instinktive Reaktion wäre gewesen, in Deckung zu gehen, denn ich meinte, daß sie mir etwas an den Kopf werfen würde, da fügte sie im gleichen Atemzug und in demselben Satz hinzu: »Einen ehrlicheren und treueren Mann als ihn hat es nie gegeben!« Meine Reaktion wandelte sich augenblicklich in Bewunderung, daß sie imstande war, die beiden Dinge auszusprechen, die ihr Mann so dringend nötig hatte zu hören. Darauf sagte ich ihr, warum ich mich auf diese Weise verhalten hatte, und

47

fragte sie, ob sie ihrem Mann jemals etwas so Freundliches gesagt habe. Sie erwiderte: »So etwas sagt man einem Mann doch nicht.« Das ist für mich so, wie wenn man einem Menschen nie sagt: »Ich liebe dich«, und dann am Ende seines Lebens ein kitschiges Loblied auf ihn singt. Ich versuchte, ihr klarzumachen, wie wichtig es war, daß sie ihrem Mann diese Gefühle mitteilte, aber ich war nicht sicher, daß sie dies erfaßte.

Ich bat sie um die Erlaubnis, mich von ihrem Mann verabschieden zu dürfen, als sie aufstand, um ihn ins Pflegeheim zu begleiten. Wir gingen zusammen in sein Zimmer, und in der Tür brach sie noch einmal in Wut aus und schrie ihn an: »Ich habe dieser Person gesagt, daß es einen ehrlicheren und treueren Mann als dich nie gegeben hat!« Das breite Lächeln auf seinem Gesicht gab mir zu verstehen, daß er wußte, daß nun geschehen war, was er so nötig gehabt hatte. Ich verabschiedete mich von ihm, und Frau H. brachte ihn ins Pflegeheim, wo er einige Wochen später in Frieden und mit seinem Schicksal ausgesöhnt starb.

Dies ist das Beispiel eines Mannes, von dem jeder meinte, daß er in der Phase des Leugnens sei. Wenn man es nicht genau weiß, ist es sehr wichtig, eine ehrliche, offene Frage zu stellen. Der Patient wird dann sagen, wieviel er weiß. Wenn Sie Patienten haben, die ihre Situation in dieser Weise anscheinend nicht wahrhaben wollen, braucht es einen Menschen, der mit dem Patienten offen und ehrlich ist, und dann wird der Patient zugeben, daß er es die ganze Zeit gewußt hat. In diesem Fall war unsere Rolle nur die eines Katalysators, und diese Funktion haben wir wahrscheinlich in neun von zehn Fällen. Sehr wenige Patienten brauchen fortgesetzte psychotherapeutische Gespräche. Meistens erfordert unsere Rolle nur wenig Zeit. Wir müssen die

Bedürfnisse, die Hoffnungen und das Unerledigte im Leben des Patienten in Erfahrung bringen, und dann müssen wir sehen, wer diese letzten Bedürfnisse am besten befriedigen kann.

Wenn ein Patient einen Menschen hat, mit dem er offen reden kann, wird er das Stadium des Nichtwahrhabenwollens verlassen und ins nächste, das Stadium der Wut und des Zorns, übergehen können. Diese Stufe nennen wir die »Warum-ich?«-Stufe. Diese Patienten sind lästig, undankbar, sie kritisieren in einem fort und machen allen Menschen in ihrer Nähe das Leben schwer. Wenn ein Assistenzarzt in das Zimmer eines solchen Kranken kommt, wird er mit der Äußerung begrüßt: »Haben Sie die Vene eigentlich schon jemals auf Anhieb getroffen?« Wenn eine Krankenschwester mit einem schmerzstillenden Mittel hereinkommt, wird sie mit der bissigen Bemerkung empfangen: »Sie haben sich zehn Minuten verspätet. Ihnen ist es ja gleichgültig, ob ich leide. Sie haben wohl erst noch ihre Kaffeepause machen müssen.« Wenn Familienangehörige und Verwandte kommen, wird ihnen vorgehalten, daß sie entweder zu früh oder zu spät erschienen sind.

Wie reagieren wir instinktiv auf diese lästigen, nörgelnden Patienten? Wir machen sie entweder mit Freundlichkeit mundtot, und das ist die schlimmste Art von Feindseligkeit, oder wir beherrschen unseren Zorn, lassen ihn jedoch an den Schwesternschülerinnen aus. Wenn wir keine Schwesternschülerinnen haben, lassen wir ihn an unserem Ehepartner aus, wenn er abends heimkommt, und wenn wir nicht verheiratet sind, schlagen wir den Hund. Irgend jemand muß es ausbaden, und das ist in meinen Augen etwas ganz Verkehrtes, weil wir unseren Schülerinnen und Studenten beibringen sollten, daß dieser Zorn ein Segen ist und kein Fluch. Wiederum müssen wir versuchen, kein Urteil über diese Patienten zu fällen, sondern zu verstehen, was hinter ihrem Zorn eigentlich steht. Oft sind es gar nicht wir, auf den der Patient einen Zorn hat, sondern das, was wir repräsentieren. Wenn wir wie ein Bild des Lebens, der Gesundheit, Vitalität, Energie und Tüchtigkeit eintreten, dann stoßen wir die Patienten mit der Nase auf das, was sie im Begriff sind zu verlieren. Was der Kranke im Grunde ausdrücken will, ist dies: »Warum muß mir das zustoßen? Warum kann es nicht dir oder Ihnen geschehen?« Je vitaler und energiegeladener wir hereinkommen, desto wahrscheinlicher ist es, daß wir die Wut, den Neid und den Zorn des Patienten erregen. Ich will kurz ein klinisches Beispiel von Zorn geben.

Wir hatten einen einundzwanzigjährigen jungen Mann mit einem Lymphsarkom, der bei uns eingeliefert wurde und sechs Wochen lang auf der Isolierstation lag. Er wurde vom Klinikpersonal, dem er sehr unangenehm war, völlig isoliert. Jeder, der in sein Zimmer kam, erhielt einen bösen Blick, und dann kehrte der Patient ihnen den Rücken zu und starrte die Wand an. Das Personal ging ihm aus dem Weg. Er war das Bild von Einsamkeit und Isolierung.

Als ich um eine Konsultation gebeten wurde, versuchte ich zuerst, mich verbal mit ihm zu verständigen, aber er behandelte mich genauso. Ich versuchte alles nur Mögliche, um ihn zu erreichen, doch schließlich gab ich auf und ging zur Tür. In dem Augenblick, als ich die Türklinke in der Hand hatte, begriff ich, daß ich genau das tat, wovor ich meine Studenten warnte – ich ließ ihn im Stich. So ging ich wieder an sein Bett, und weil er sich nicht verbal mit mir verständigen wollte, war ich gezwungen, die Wand anzuschauen, die dieser junge Mann sechs Wochen lang angestarrt hatte. Plötzlich überkam mich eine instinktive Reaktion von

Wut und Zorn. Ich sah ihn an und sagte: »Bob, macht Sie das nicht verrückt? Da liegen Sie schon seit sechs Wochen und starren diese Wand an mit diesen rosa, grünen und blauen Karten mit Genesungswünschen?« Er drehte sich unvermittelt um und ließ seiner Wut und seinem Zorn freien Lauf und seinem Neid auf alle Leute, die draußen sein und den Sonnenschein genießen konnten, die einkauften und eine kitschige Karte mit Wünschen »zur baldigen Genesung« für ihn aussuchten, obwohl sie genau wußten, daß er nicht mehr gesund werden würde. Und dann sprach er von seiner Mutter, die »nachts hier auf der Couch schläft. Große Sache! Auch schon ein Opfer! Jeden Morgen, wenn sie weggeht, sagt sie dasselbe: Ich muß jetzt nach Hause und mich duschen!« Dann fuhr er fort und sagte, mit einem Blick voll Haß auf mich: »Auch Sie taugen nichts, Frau Dr. Ross! Auch Sie werden weggehen und mich im Stich lassen.«

Versteht man, warum diese Patienten so zornig sind? Sie haben eine Wut auf das, was wir repräsentieren. Wir können einkaufen gehen, eine Dusche nehmen, wir können spazierengehen und Kaffee trinken. Wir stoßen die Patienten auf das, was sie im Begriff sind zu verlieren. Wenn wir ihnen helfen können, ihren Zorn und ihre Wut herauszulassen, ohne sie deswegen zu verurteilen – manchmal kann man ihnen in fünf Minuten helfen –, werden sie nicht mehr unentwegt nach der Schwester klingeln, und sehr oft werden sie nur noch die Hälfte der schmerzstillenden Mittel brauchen. Wir können den Patienten wirklich dabei helfen, die Frage »Warum gerade ich?« zu stellen, ohne sie beantworten zu müssen.

Auch Familien und das Krankenhauspersonal machen das Stadium des Zorns durch. Ich besuchte eine Mutter, die vor dem Zimmer ihres sterbenden Kindes stand. Sie sah aus wie ein Dampfkochtopf, der jeden Moment explodieren konnte. Ich fragte sie: »Möchten Sie jetzt am liebsten schreien?« Sie drehte sich um und antwortete: »Haben Sie in diesem Krankenhaus ein Schreizimmer?« Ich sagte: »Nein, wir haben eine Kapelle.« Das öffnete die Schleusen ihrer ohnmächtigen Wut. »Wer braucht eine Kapelle? Ich möchte schreien und Gott anbrüllen: ›Warum läßt du meinem Kind so etwas geschehen?‹« Ich führte sie in mein Sprechzimmer und ermutigte sie zu schreien. Viele wollen sich einfach nur an unserer Schulter ausweinen: »Warum trifft es mich? Warum geschieht es meinem Kind?« Angehende Seelsorger sollten außerdem den Familien erlauben, ihren Zorn auf Gott zum Ausdruck zu bringen. Viele Geistliche verhalten sich sehr gut, solange der Patient seinen Zorn auf die Krankenhausverwaltung, auf die Schwestern und Pfleger ablädt. Doch sobald er seinen Zorn auf Gott ausdrückt, müssen sie eingreifen. Ich meine, es ist sehr wichtig, daß die Kranken ihren Zorn auf Gott ausdrücken dürfen, und ich sage den Studenten immer: »Glauben Sie wirklich, daß Sie Gott verteidigen müssen? Das kann Gott schon aushalten. Er steht darüber.« Bisher sind wir auf das »Nein-nicht-ich«-Stadium eingegangen, das Stadium des Nichtwahrhabenwollens, und die »Warum-ich?«-Stufe, die Stufe des Zorns. Die »Warum-ich?«-Stufe kann auch »Warum jetzt?« heißen. Wenn man manchmal alte Männer sieht, die ihr ganzes Leben gearbeitet, sich nie einen Urlaub gegönnt und ihr ganzes Geld gespart haben, um ihren Kindern eine Ausbildung zu ermöglichen, die endlich anfangen, an ihre Pensionierung zu denken, und zwei Monate, bevor sie in den Ruhestand gehen, feststellen, daß ihre Ehefrauen hoffnungslos an Krebs erkrankt sind – so sagen auch diese Leute: »Warum gerade ich? Warum jetzt? Habe ich nicht wenigstens ein

Jahr im Ruhestand mit meiner Frau verdient? War ich nicht ein guter Christ? War ich nicht ein guter Vater, habe ich nicht für meine Familie gesorgt?« Diese Menschen brauchen jemanden, an dessen Schulter sie sich ausweinen und zu dem sie sagen können: »Warum gerade jetzt? Warum ausgerechnet ich?« Wenn wir ihnen helfen können, ihren Gefühlen des Schmerzes, des Kummers, der Wut und des Zorns Ausdruck zu geben, ohne ein Urteil über sie zu fällen, dann werden sie sehr schnell in ein merkwürdiges Stadium des Verhandelns gelangen. Auf dieser Stufe sagen sie nicht mehr: »Nein, nicht ich!« Sie hören auf zu fragen: »Warum gerade ich?« Sie sagen jetzt: »Ja, es trifft mich, aber ...« Dieses »aber« schließt meistens eine Bitte an Gott ein: »Wenn du mich noch ein Jahr leben läßt, werde ich ein guter Christ sein, oder dann werde ich jeden Tag in die Synagoge gehen, oder ich werde meine Augen oder meine Nieren spenden.« Gewöhnlich geben die Patienten irgendein Versprechen, meistens im Austausch für die Verlängerung ihres Lebens. Es sieht aus, als hätten sie Frieden gemacht, aber es ist kein Frieden; es ist ein Waffenstillstand, in dem der Patient den Eindruck erweckt, als sei ihm ganz wohl zumute, in dem er gewöhnlich verhältnismäßig wenig Schmerzmittel braucht, nicht unentwegt nach den Schwestern klingelt – und oft geben wir uns der Illusion hin, daß wir es geschafft haben. Dies ist jedoch nur ein vorübergehender Waffenstillstand, währenddessen der Kranke verhältnismäßig friedlich ist. Er meint, daß er jetzt bereit sei, der Wirklichkeit ins Auge zu sehen, aber er hofft und bittet um einen kleinen Aufschub, meistens um unerledigte Dinge zu erledigen. Während dieser Zeit ordnen die Patienten ihre Angelegenheiten, machen ihr Testament und kümmern sich darum, wer das Geschäft oder die Kinder übernimmt. Meistens ist es ein Verhandeln mit Gott. Am meisten bekommen die Geistlichen davon zu hören. Wenn man auf dieses Verhandeln nicht besonders achtet, wird man es nicht bemerken.

Ich möchte kurz ein Beispiel solchen Verhandelns – nicht mit Gott, sondern mit dem Arzt – geben. Wir hatten einmal eine eher schwierige Patientin, der fast alle aus dem Weg gingen. Eines Tages war sie freundlich und bat mich, ob ich ihr einen einzigen Tag ermöglichen könne, an dem sie nicht rund um die Uhr von schmerzstillenden Injektionen abhängig wäre – danach wollte sie eine brave Patientin sein. Dies ist eine sehr ungewöhnliche Bitte, denn die meisten Patienten wollen viel mehr als nur einen einzigen Tag. Ich fragte sie, warum sie nur um einen Tag gebeten habe. Sie sagte, daß sie so gerne einen Tag außerhalb der Klinik verbringen wolle. Sie träumte davon, sich noch einmal elegant anzuziehen und auszusehen und sich zu fühlen, als sei sie »eine Million wert«. Sie wollte bei der Hochzeit ihres Lieblingssohnes anwesend sein. Wenn sie das dürfte, dann wollte sie am selben Abend ins Krankenhaus zurückkehren und alles akzeptieren, was auf sie zukäme. Wir setzten außergewöhnliche Mittel ein, um dieses Ziel zu erreichen, und die Frau war tatsächlich in der Lage, das Krankenhaus zu verlassen: für einen Tag! Am Abend wartete ich auf sie, weil ich gerne wissen wollte, was sie empfand, nachdem sie sich nur einen Tag ausgebeten hatte. Sie sah mich in der Halle und begrüßte mich mit den Worten: »Vergessen Sie nicht, Frau Dr. Ross, daß ich noch einen zweiten Sohn habe.«

Diese Art zu verhandeln ist am typischsten. Die Patienten halten kaum je die Versprechen, die sie geben. Am schwierigsten sind die Mütter, was das Verhandeln betrifft; sie halten sich kaum an ihre Versprechungen. Sie bitten Gott, ihr Leben zu erhalten, bis die Kinder die Schule verlassen haben.

Sobald die Kinder aus der Schule sind, beten sie darum, am Leben bleiben zu dürfen, bis die Kinder verheiratet sind, bis zu ihrem Hochzeitstag, und dann, bis sie Enkelkinder haben. Fast alle verhandeln auf diese Weise mit Gott, auch wenn sie ihn früher nicht anerkannt haben. Ich möchte einige Zeilen aus dem Brief einer jungen Frau zitieren, die ihrem Tod entgegensah. Sie bemerkte zu ihrem Verhandeln mit Gott:

»Auch meine Gedanken ängstigten mich, sie waren durchaus nicht nur liebevoll, da Einsamkeit und das Alleinsein mit dem Tod große Bitterkeit und Ablehnung in mir erzeugten. Nachdem ich also mit Gott argumentiert hatte, schloß ich einen Waffenstillstand mit ihm. Wenn er mir erlauben würde, die gegenwärtige Wahrscheinlichkeit des Todes anzunehmen, dann würde ich aufhören, Widerstand zu leisten und mit ihm zu hadern, daß er mich ›wegholte‹.«

Ein weiteres Beispiel des Verhandelns, in dem die Symbolsprache des Kranken ebenfalls deutlich wird, will ich noch erzählen: Ein fünfundzwanzigjähriger Mann in unserer Klinik hatte akute Leukämie und starb zwei Wochen nach seiner Einlieferung. Er hatte drei kleine Kinder, alle unter drei Jahren, eine Frau, die keinen Beruf und keinen finanziellen Rückhalt hatte, und es schien für ihn entsetzlich schwer zu sein, seinem bevorstehenden Tod ins Auge zu sehen. Ich besuchte ihn mehrere Male und fragte ihn, ob er darüber reden wolle. Jedesmal antwortete er mir: »Nicht jetzt, heute nicht, vielleicht morgen.« Der Grund, warum er nicht reden konnte, war, daß seine Lippen und seine Zunge wund waren. Schließlich dachte ich, daß es mein eigenes Problem war, weil ich selbst kleine Kinder hatte, und daß es vielleicht mein Bedürfnis war, darüber zu reden. So ging ich in sein

Zimmer zurück und sagte zu ihm: »Larry, wenn Sie lieber nicht darüber reden wollen, ist es auch recht.« Er antwortete: »Nein, nein, darum geht es nicht. Sie verstehen mich nicht. In diesem Krankenhaus wecken sie einen sehr früh auf und messen den Blutdruck. Dann döst man wieder ein. Dann wecken sie einen wieder auf und bringen das Tablett mit dem Essen, und so geht es den ganzen Tag lang. Es ist sehr schwer, ein privates Gespräch zu führen, wenn man dauernd gestört wird.« Ich fragte ihn, wie ich ihm helfen könnte, und er bat mich, sehr zeitig am nächsten Morgen zu kommen, bevor die Schwestern die Runde machten und irgend jemand anderer in sein Zimmer kommen konnte. Dann würde er wahrscheinlich reden können.

Am nächsten Morgen kam ich sehr früh ins Krankenhaus. Es ist eine Gewohnheit von mir, kurz auf die Schwesternstation zu gehen, wo eine Schwester mir sagte, daß es keinen Sinn hätte, ihn zu besuchen, weil er im Sterben läge. In der Nacht hatte er offenbar einen großen physischen Kampf ausgefochten. Man mußte ihn beruhigen. Der Priester wurde gerufen, der Arzt wurde gerufen, die Familie war bei ihm, und die Schwester meinte, er könne jetzt wohl nicht mehr über irgend etwas sprechen.

Ich muß zwiespältige Gefühle gegen den Besuch bei ihm gehabt haben, weil ich auf die Schwester hörte. Wenn ich auf diese Episode vor einem Jahrzehnt zurückblicke, muß ich zugeben, daß ich nie einen einzigen Patienten hatte, der Zeit und Ort bestimmte und sogar die Person auswählte, mit der er über Unerledigtes reden wollte, und dann vorzeitig starb. Ich nahm mir Zeit, und ungefähr eine halbe Stunde später ging ich in sein Zimmer, nur weil ich versprochen hatte, daß ich zurückkommen würde. Ich erwartete, daß er im Koma lag. Als ich die Tür öffnete, saß er lebendiger und wacher in seinem Bett, als ich ihn je gesehen hatte, sah mich an und fragte: »Warum haben Sie so lang gebraucht?« Ich getraute mich nicht, es ihm zu sagen!

Ich schloß die Tür eilig hinter mir, und er forderte mich auf, Platz zu nehmen, schnell, damit er mir mitteilen könne, was er einem Menschen anvertrauen wollte, bevor er wieder unterbrochen wurde. Ich setzte mich und fragte ihn: »Was ist in der Nacht mit Ihnen geschehen?« Er antwortete: »Sie werden es mir nicht glauben, was in der letzten Nacht geschehen ist. Ich habe einen großen körperlichen Kampf durchgemacht. Ein großer Zug fuhr mit hoher Geschwindigkeit einen Hügel hinunter, und ich hatte mit dem Zugführer einen großen Kampf und einen Streit. Ich verlangte, daß er den Zug ein paar Millimeter vorher anhielt! Verstehen Sie, wovon ich rede?«

Dies ist ein typisches Beispiel für das Verhandeln mit Gott in einer symbolischen Sprache. Ich sagte ihm, daß der Zug, der so rapide den Hügel hinunter und auf das Ende zufuhr, vermutlich sein Leben bedeutete und daß er mit Gott gerungen hatte, um ihn um einen winzigen Aufschub zu bitten. Er lächelte und wollte eben fortfahren, als seine Mutter das Zimmer betrat.

Dies ist ein Problem, das viele von uns betrifft: Wenn wir mitten im Gespräch mit unseren Patienten sind, werden wir von Familienmitgliedern unterbrochen, die natürlich ein Recht darauf haben, bei ihren sterbenden Verwandten zu sein. Um den Dialog fortzusetzen und das Unerledigte mit Larry zu erledigen, gebrauchte ich seine eigene Sprache und fragte ihn vor seiner Mutter: »Larry, wie kann ich Ihnen mit den paar Millimetern helfen?« Er lächelte und sagte: »Ich hoffe, daß Sie mir helfen können, meine Mutter zu überreden, daß sie noch einmal nach Hause geht und einen Laib

Brot bäckt und die Gemüsesuppe macht, die ich immer so gern gegessen habe.« Die Antwort der Mutter war typisch: »Wie kann ich meinen Sohn nach einer solchen Nacht alleine lassen?« Und der Patient und ich sagten wie aus einem Munde: »Wenn er meint, daß er darauf warten kann, dann wird er auch warten.« Es braucht nicht erst gesagt zu werden, daß die Mutter wirklich nach Hause ging, einen Laib Brot backte und es mit seiner geliebten Gemüsesuppe ins Krankenhaus brachte. Er konnte ein kleines Stück von dem Brot und einen kleinen Löffel Suppe essen – es war das letzte Mal, daß er Nahrung oral zu sich nehmen konnte. Er verfiel dann in ein Koma, und drei Tage später starb er sehr friedlich.

Larry ist ein gutes Beispiel eines jungen Mannes, der nur sehr wenig Zeit hatte, sich mit seinem Tod abzufinden. Ich glaube, er starb in ähnlicher Weise, wie er gelebt hatte. Er war ein großer, starker, männlicher Mann, der den Tod nicht wahrhaben wollte, solange es irgend ging. Und dann machte er in einer Nacht, während dreieinhalb Stunden, die Stadien von Wut und Zorn, Verhandeln mit Gott und schließlichem Annehmen durch. Ich bringe diese Beispiele, um zu zeigen, wie wenig Zeit es erfordert, um diesen Patienten zu helfen, sich mit dem Tod auseinanderzusetzen, wenn man zu dem Zeitpunkt zur Verfügung steht, an dem der Patient bereit ist, davon zu reden, und wenn man nicht von ihm erwartet, daß er seine Bedürfnisse dann mitteilt, wenn es einem selbst gerade paßt.

Wenn ein Patient mit dem Verhandeln zu Ende ist, sagt er nicht mehr »aber«, sondern »ja, ich«. Das ist das Stadium der Depression. Die Kranken werden dann oft sehr traurig und machen zwei Arten von Depressionen durch. Zuerst erleben sie eine Art reaktiver Depression, in welcher sie über vergangene Verluste trauern. Sie sprechen darüber, was es bedeutet,

eine Brust oder ein Bein zu verlieren, oder über ihre Probleme mit einem künstlichen Darmausgang. Sie werden Ihnen
mitteilen, wie schwer es ist, nicht zu Hause bei den Kindern
zu sein, oder wie schwer es für einen Mann ist, seinen Beruf
aufzugeben. Während dieser Zeit der Depression machen wir
unsere Sache gut, weil wir ja alle Verluste erlitten haben und
uns in die Patienten einfühlen können.

Doch dann machen unsere Patienten eine andere Depression
durch, mit der nicht nur die Familie, sondern auch das
Krankenhauspersonal sehr schwer zurechtkommt. Es handelt sich um den stummen Schmerz oder Vorbereitungsschmerz. Während dieser Zeit trauern sie nicht um vergangene, sondern um zukünftige Verluste. Sie beginnen, um
ihren eigenen Tod zu trauern, und werden sich der Tatsache
bewußt, daß sie nicht nur einen geliebten Menschen, sondern alle Menschen und alle Dinge verlieren, die ihrem
Leben einen Sinn gaben. Während des stummen Vorbereitungsschmerzes sprechen sie nicht mehr viel; sie können
ihren Kummer und ihre Trauer nicht in Worte fassen.
Gewöhnlich bitten sie darum, daß ihre Verwandten und
Bekannten noch einmal kommen, und dann nicht mehr.
Dann wollen sie ihre Kinder noch einmal sehen, und ganz
am Schluß wollen sie meistens einen oder zwei geliebte
Menschen um sich haben, die still bei ihnen sitzen. Ein Hän-
dehalten oder eine Berührung ist wichtiger als Worte.

In diesem Vorbereitungsschmerz haben Männer es viel
schwerer als Frauen, weil es in unserer Gesellschaft für
unmännlich gilt zu weinen. Wenn einer von unseren Patienten still in seinen Kissen liegt, und Tränen rollen ihm über
die Wangen, dann ist uns das sehr peinlich. Wir rücken
dann Blumenvasen zurecht, wir kontrollieren Infusionen
und Transfusionen, die perfekt funktionieren. Und wenn der

Patient immer noch nicht spricht oder sich nicht bewegt, kommen wir oft ins Zimmer und sagen: »Kopf hoch, es ist doch nicht so schlimm!«

Nicht so schlimm für wen? Das ist nämlich die Frage. Wenn ich meinen Mann verlöre, würde jeder mir erlauben, um diesen Verlust ein ganzes Jahr lang zu trauern. Wenn ein Mensch den Mut hat, seinem Tod ins Auge zu blicken, dann erfährt er damit den Verlust von allem und jedem, was in seinem Leben Bedeutung hatte – und das ist tausendmal schlimmer. Ich meine, wir müssen diesen Menschen erlauben, zu trauern und zu weinen, und dürfen ihnen ihre Tränen nicht verwehren, sondern sollten das Gegenteil davon tun. Wir gehen in das Zimmer unseres Patienten und sagen: »Es braucht einen ganzen Mann, um weinen zu können.« Wir erlauben ihnen zu weinen und ermutigen sie dazu. Diese Patienten brauchen nicht das Gefühl zu haben, daß sie unmännlich sind; sie brauchen ihre Tränen nicht zu verstecken. Dann sind sie in der Lage, viel schneller durch den Vorbereitungsschmerz hindurchzugehen, und können die letzte Stufe, die Stufe des Annehmens, erreichen.

Während des Vorbereitungsschmerzes macht ein Patient uns am wenigsten Mühe, obwohl die Familien dann oft in Panik geraten. Sie bitten den Arzt, das Unmögliche zu versuchen und mit irgendwelchen Zusatzbehandlungen das Leben des Patienten zu verlängern. Ich will Ihnen ein Beispiel dafür geben, was geschieht, wenn ein Mann sich zur Stufe des Annehmens durchgerungen hat, während seine Frau sich noch an sein Leben klammert und ihm zu verstehen gibt: »Stirb mir nicht weg!« Das gibt dem sterbenden Patienten ein Schuldgefühl, und dann ist es sehr schwer, die friedliche Stufe des Annehmens zu erreichen. Dies ist außerdem ein Beispiel dafür, worin unerledigte Dinge bestehen können.

Wir hatten einen Mann in den Fünfzigern, einen Zahnarzt, der im Sterben lag. Von einem anderen sterbenden Patienten hörte er von unserer Arbeit und bat um eine Konsultation. Ich ging zu ihm, und er vertraute mir an, daß es noch unerledigte Dinge in seinem Leben gab, über die er mit mir sprechen wollte. Er war ein kleiner, eher magerer, unscheinbarer Mann, und er erzählte mir, daß er mehrere außereheliche Beziehungen hatte, die er abbrechen wollte. (Meine instinktive Reaktion war: »Was, Sie«, denn er sah mir gar nicht wie ein Don Juan aus!) Dann tat er das, was ich meinen Studenten immer rate: Er versuchte zu erklären, warum er sich so verhalten hatte, und das bedeutet, daß er zu verstehen suchte, warum er diese außerehelichen Beziehungen haben mußte, anstatt diese zu verurteilen. Er teilte mir mit, daß er von Anfang an ein schmächtiger kleiner Junge gewesen war, daß seine Familie dem Heranwachsenden nie das Gefühl gegeben hatte, er sei ein Mann, und daß es sein größtes Bedürfnis im Leben war, seine Männlichkeit zu beweisen. Eine Frau brauchte ihn nur anzulächeln, dann lud er sie schon zum Kaffee ein, und der Kaffee führte zu einem Cocktail und der Cocktail ins Schlafzimmer.

Ich hörte diesem Bekenntnis zu und fragte ihn dann, warum er es mir gegenüber abgelegt habe. Er sagte, er wollte diese Beziehungen abbrechen und diesen Frauen erklären, warum er sich darauf eingelassen habe. In diesem Augenblick beging ich einen großen Fehler, indem ich ihm meine Hilfe anbot. Ich sagte zu ihm: »Wenn Sie wollen, daß ich mit diesen Frauen rede, bin ich gerne dazu bereit.« Er sah mich ungeheuer enttäuscht an und erwiderte: »Frau Dr. Ross, ich dachte, Sie hätten mir zu verstehen gegeben, daß ich genug Männlichkeit besitze.«

Deshalb sage ich, daß Sterbende wunderbare Lehrer sind.

Wenn wir einen Fehler machen, und wir werden in dieser Art von psychologischer Beratung viele Fehler machen, wird der Patient uns meistens sofort zurechtweisen. Wenn wir diese Zurechtweisungen als Lektionen annehmen und aus unseren Fehlern lernen können, dann werden wir mit jedem Patienten, den wir betreuen, etwas über uns selbst und andere erfahren.

Ich sagte ihm, daß dies eines meiner Probleme sei, daß wir manchmal zuviel des Guten tun, daß er bestimmt Manns genug sei, seine unerledigten Dinge selbst in die Hand zu nehmen, und wünschte ihm Glück. Er war in der Lage, diese Beziehungen selbst zu beenden, und dann rief er mich wieder und sagte, daß ihm jetzt das Schwierigste bevorstünde, nämlich, sein Verhalten seiner Frau zu erklären. Bevor ich etwas sagen konnte, legte er seinen Finger an die Lippen und sagte: »Pst, sagen Sie es nicht.« Damit meinte er: »Sagen Sie jetzt nicht: ›Wenn Sie wollen, daß ich mit Ihrer Frau rede, will ich es gerne tun.‹« Ich sagte ihm, daß ich mir Mühe gebe, nicht den gleichen Fehler bei demselben Patienten zweimal zu machen, und darüber konnten wir herzlich lachen. Ich sagte ihm, daß ich ihm zur Verfügung stände, wenn er mich noch einmal sprechen wolle. Er erklärte seiner Frau, warum er die anderen Beziehungen eingegangen war, und ihre Reaktion darauf war: »Wenn du eine Scheidung willst, kannst du sie haben.« Ich fragte Herrn P., wie er das verkraftet hatte, und ich glaube, daß er die Situation sehr richtig einschätzte. Er meinte nämlich: »Ich meine, daß wir einfach zu viel von ihr erwartet haben. Das überfordert ihr Verständnis.« Er brach seine Beziehungen ab, er erklärte seiner Frau, warum es dazu gekommen war, und jetzt war er ein stolzer Mann. Ich glaube, daß er sich zum ersten Male in seinem Leben wirklich als Mann fühlte.

Er lag mit geschlossenen Augen in seinem Bett, dem Tod sehr nahe, in einem Stadium des Friedens und des Annehmens – er war ein stolzer Mann –, als seine Frau in mein Sprechzimmer stürzte, ohne an die Tür zu klopfen, und mich anschrie: »Er redet nicht mehr!« Ich versuchte, ihr zu erklären, daß ihr Mann alles gesagt hatte, was gesagt werden mußte. Sie wurde sehr zornig und erwiderte: »Das weiß ich alles, aber Sie verstehen nicht. Ich habe alle diese Verwandten von weit her gebracht, und er könnte sie wenigstens begrüßen.« Diese Frau war offensichtlich nicht imstande zu hören. Ich dachte, vielleicht kann sie sehen; wenn sie das friedliche Gesicht ihres Mannes so nahe dem Tod sieht, wird sie vielleicht verstehen, daß es zu spät für Geselligkeit ist. Ich ging mit ihr in das Zimmer ihres Mannes. Meine erste Regung war, alle Leute hinauszukomplimentieren. Aber bevor ich etwas sagen oder tun konnte, ging sie schnurstracks zu ihrem Mann, kniff ihn in die Wange und sagte: »Nun sei ein bißchen gesellig!«

Hier haben wir sowohl eine symbolische, nichtverbale Geste, das Kneifen seiner Wange, als auch die verzweifelte Aufforderung: »Sei gesellig!« Instinktiv würden Sie vermutlich negativ gegenüber der Frau reagieren, doch wenn Sie Ihrer negativen Reaktion bewußt werden, müssen Sie sich immer fragen: »Was lehrt mich diese Frau?« Mit ihrer verzweifelten Geste bittet sie ihren Mann: »Bitte stirb mir nicht weg. Du bist immer der Gastgeber gewesen. Du hast dich immer um die Gäste gekümmert. Ich habe noch gar nicht angefangen, mir darüber klarzuwerden, daß ich bald alles selbst in die Hand nehmen muß.«

In diesem Fall haben wir mit dem Patienten unsere Sache gut gemacht, mit Frau P. jedoch nicht. Wenn Sie Sterbenden wirklich helfen wollen, können Sie die Familie nicht ausschließen. Wir folgen immer der goldenen Regel, daß wir denjenigen Beistand leisten, die den genannten Stadien hinterherhinken. Wenn die Familie ihre unerledigten Dinge bereinigen kann, bevor der Patient stirbt, dann braucht nach dem Tod keine Trauerarbeit geleistet zu werden, außer dem natürlichen Schmerz, der immer da ist.

Das letzte Stadium, das Stadium des Annehmens, ist vielleicht am schwersten zu beschreiben. Der Patient in diesem Stadium will keine Besuche mehr. Er will nicht mehr sprechen, er hat für gewöhnlich alles bereinigt, und seine Hoffnungen richten sich nicht mehr auf Heilung, Behandlung und Verlängerung des Lebens. Er hat ein Gefühl des inneren und äußeren Friedens. Die beste Beschreibung dieses Stadiums des Annehmens stammt von einer Patientin:

»Ich habe einen wunderbaren Mann, mit dem ich offen reden kann, und zwei Schwestern, doch, von ihnen abgesehen, ist das Thema meiner Krankheit ein Tabu. Die Leute weichen aus, wenn sie nur erwähnt wird. Wir hatten herrliche Weihnachten, und ich bin sehr dankbar, daß ich mich fast zwei Jahre nach der Diagnose noch so gut fühle. Das Schlimmste ist, daß ich so schwach bin und so schnell müde werde, wenn ich versuche, mit fünf lebhaften Jungen im Alter von zweieinhalb bis acht Jahren Schritt zu halten... Aber dafür nimmt man es etwas weniger genau, wenn in den Ecken Staub liegt, und ich genieße die Jungen, wie sie eben jetzt sind, und mache mir keine Sorgen um ihre Zukunft – der Herr wird Rat wissen. Es gibt so vieles, was ich ihnen sagen möchte, deshalb bringe ich viele meiner Gedanken zu Papier, und ihr Vater kann sie ihnen vorlesen, wenn sie groß genug sind, um die Gedanken, die ich ihnen mitgeben möchte, verstehen zu können. Wir leben in einer so schnellebigen

Zeit, daß nur sehr wenige Menschen ihr tägliches Leben wirklich und echt genießen können. Immer planen sie für morgen und für das nächste Jahr. Mein Mann und ich haben so viel durchgemacht, aber wir haben unser Leben voll gelebt und mehr Freude gehabt als manche Menschen in einem ganzen Leben. Eine Nachbarin kam während unseres Weihnachtsfests zu mir, sah mir gerade in die Augen und fragte: ›Wie können Sie nur so glücklich sein?‹ Ich sagte ihr, daß ich eben glücklich bin und daß es keinen Sinn hat, traurig zu sein und alle anderen traurig zu machen. Trotzdem kommen oft Gefühle von Depression – oft dann, wenn wir über die Zukunft sprechen –, aber dann denke ich einfach an etwas anderes oder nähe etwas für die Kinder. Niemand außer Gott weiß, was geschehen wird … also freue ich mich jetzt in diesem Augenblick!«

Wenn ein Patient das Stadium des Annehmens erreicht hat, bedeutet das nicht unbedingt, daß er dem Tode nahe ist. Wir könnten dies unseren Kindern schon beibringen, bevor sie in die Schule kommen. Die Stufe des Annehmens bedeutet einfach, daß die Menschen sich damit abgefunden haben, daß sie endlich sind, daß sie dann ein Leben von neuer Qualität leben mit anderen Werten, daß sie lernen, das Heute zu genießen und sich nicht zu große Sorgen um das Morgen zu machen, und daß sie die Hoffnung haben, daß ihnen noch viel, viel Zeit bleibt, um diese Art des Lebens zu genießen.
Ich möchte noch ein Wort über den Unterschied zwischen Annehmen und Resignation sagen. Annehmen ist das Gefühl, einen Sieg errungen zu haben, ein Gefühl des Friedens, der Heiterkeit, ein positives Sich-Abfinden mit Dingen, die wir nicht ändern können. Resignation dagegen ist eher ein Gefühl der Niederlage, der Bitterkeit, als würde man

sagen: »Wozu das alles? Ich habe es satt zu kämpfen.« Ich schätze, daß ungefähr achtzig Prozent der Patienten in unseren Pflegeheimen sich im Stadium der Resignation befinden.

Ich werde ein klinisches Beispiel dafür geben, wie man den Unterschied dieser Stadien diagnostiziert. Vor einigen Jahren besuchte ich einen dreiundachtzigjährigen Mann, einen alten Weisen, den ich mehr aus Freundschaft als aus irgendeinem anderen Grund aufsuchte. Als ich zu ihm kam, sagte er: »Frau Dr. Ross, Sie können nur das eine für mich tun, daß Sie zum Herrn beten, daß er mich bald zu sich nimmt.« Ich hörte ihm nicht wirklich zu. Ich nahm an, daß er als Dreiundachtzigjähriger nun das Stadium des Annehmens erreicht hatte und daß es ihm mit seinen Worten ernst war. Ich blieb einige Minuten bei ihm und ging dann nach Hause. Etwa einen Monat später wurde ich in die Schweiz gerufen, weil meine Mutter im Sterben lag. Der einzige Patient, den zu besuchen ich ein Bedürfnis hatte, war dieser weise, alte Mann, bei dem ich offensichtlich Kraft schöpfen wollte in der Hoffnung, daß meine Mutter sich auf derselben Stufe des Annehmens befände wie mein alter Freund. Doch zu meinem Kummer war er nicht mehr der ruhige Mann in dem friedlichen Stadium des Annehmens, den ich sehen wollte. Er begrüßte mich in der Halle und fragte mich mit großer Eindringlichkeit: »Frau Dr. Ross, haben Sie gebetet?« Ich verneinte und hatte den Satz noch nicht zu Ende gesprochen, als er mich mit den Worten unterbrach: »Gott sei Dank! Erinnern Sie sich an die dreiundsiebzigjährige Dame auf der anderen Seite der Halle?« Er hatte sich in sie verliebt und wollte wieder leben! Er fürchtete, daß ich zu früh beten und daß Gott mein Gebet erhören würde. Dies ist ein gutes Beispiel dafür, wie schlecht ich zugehört hatte. Hätte ich ihm wirklich zugehört, als er sagte: »Beten Sie zum Herrn, daß er mich bald zu sich nimmt«, hätte ich mich hinsetzen und ihn fragen sollen: »Warum haben Sie es so eilig?«, und dann hätte er mir vermutlich geantwortet: »Wieso eilig? Ich bin dreiundachtzig Jahre alt, ich sitze hier und schaue in den Fernseher, vielleicht mache ich ein bißchen Beschäftigungstherapie, aber niemandem bedeutet es im Grunde etwas, ob ich lebe oder sterbe. Da kann ich genausogut sterben.« Das ist Resignation, nicht Annehmen, und das heißt, daß wir solchen Menschen helfen müssen, in ihrem Leben einen Sinn zu finden, auch wenn es noch so eingeschränkt ist. Fernsehapparate und ausgeklügelte Projekte in Beschäftigungstherapie ersetzen nicht menschliche Bedürfnisse und menschliche Pflege. Eine dreiundsiebzigjährige Dame gab ihm das Gefühl, daß ein Mensch ihn brauchte, ihn haben wollte und liebte, und aus diesem Grunde wollte er wieder leben – und wie!

In unserer Gesellschaft gibt es viele Kinder, die dieselben Bedürfnisse haben, und ich spreche nicht nur von zurückgebliebenen Kindern, von chronisch kranken oder sterbenden Kindern, sondern auch von den vielen Kindern, die in Tagesstätten und Waisenhäusern leben. Es ist meine große Hoffnung, daß die Verwalter von Altersheimen diese Bedürfnisse berücksichtigen und Altersheime mit angeschlossenen Kindertagesstätten bauen. Diese Kinder würden dann von den alten, einsamen Menschen geliebt werden, sie würden sich um sie kümmern, und das würde den alten Menschen einen neuen Lebenszweck in ihrem Alter geben. Anstatt in die Fernsehröhre zu schauen, würden sie mit kleinen Kindern beschäftigt sein und von ihnen geliebt werden. Ich glaube, daß viele dieser Alten dann in einem Stadium des Annehmens anstelle von Resignation sterben würden.

Während der letzten Jahre habe ich fast ausschließlich mit sterbenden Kindern gearbeitet. Ich glaube, daß Kinder im allgemeinen viel leichter sterben würden als Erwachsene, wenn wir Erwachsenen aus dem Sterben nicht ein solches Mysterium machten. Kleine Kinder, sogar Drei- und Vier-jährige, können davon sprechen, daß sie sterben, und wissen um ihren bevorstehenden Tod. Dabei ist es wichtig, daran zu denken, daß sie in solchen Zeiten besonders häufig eine verbale oder nichtverbale Symbolsprache verwenden. Wir werden mit nur zwei natürlichen Ängsten geboren, der Angst des Fallens und der Angst vor lauten Geräuschen. Alle anderen Ängste sind unnatürlich und werden von ängstlichen Erwachsenen auf Kinder übertragen.

Wenn kleine Kinder krank sind oder ins Krankenhaus müssen, ist ihre größte Sorge die Trennung von ihren Eltern.

Wir sind der Ansicht, daß kranken Kindern der Besuch ihrer Eltern ohne irgendwelche Einschränkungen erlaubt werden sollte.

Wenn Kinder drei oder vier Jahre alt werden, kommt zur Trennungsangst noch die Angst vor Verstümmelung. In diesem Alter beginnen sie, den Tod in ihrer Umgebung wahrzunehmen. Sie sehen vielleicht, wie ein Auto eine Katze oder einen Hund überfährt, und verbinden den Tod mit einer verstümmelten, schrecklich anzusehenden Leiche. Oder sie beobachten, wie eine Katze einen Vogel zerreißt. Um diese Zeit werden Kinder sich auch ihres Körpers bewußt und sind sehr stolz auf ihn. Kleine Jungen entdek-ken, daß sie etwas haben, was die kleinen Mädchen nicht haben. Sie möchten groß und stark sein wie der Supermann oder wie ihr Papi. Sie schreien, wenn ihnen Blut abgenommen wird, als würde man ihnen den Kopf oder einen Arm abhacken. Sehr oft bestechen Eltern ihre Kinder und versprechen ihnen jede Art von Spielzeug, wenn sie nicht weinen. Das führt zu einer unguten Atmosphäre, die besonders schädlich ist für Kinder, die an Leukämie und ähnlichen Krankheiten mit Besserungen und Rückfällen leiden. Kinder erfassen sehr schnell: Je lauter ihr Geschrei, desto größer das Spielzeug!

Wir sind der Meinung, daß man mit Kindern ehrlich und offen umgehen sollte, daß man ihnen kein Spielzeug für gutes Benehmen versprechen und daß man es ihnen sagen sollte, wenn ein Vorgang weh tut. Man sollte ihnen nicht nur sagen, was mit ihnen geschieht, man sollte es ihnen auch zeigen. Sehr oft verwenden wir eine Puppe oder einen Teddybär und erlauben den Kindern, den Vorgang am Teddybär oder an der Puppe zu vollziehen, damit sie genau wissen, was ihnen bevorsteht. Das bedeutet nicht, daß sie nicht weinen, wenn man sie sticht oder wenn sie sich einem Knochenmarktest unterziehen müssen, aber sie wissen, daß man ehrlich war, und ertragen die Prozedur viel leichter, als wenn man ihnen am Anfang einer schweren Krankheit eine Lüge erzählt hätte.

Nach dieser Angst vor Trennung und Verstümmelung beginnen Kinder über den Tod zu reden, als sei er ein vorübergehendes Geschehen. Dies ist ein sehr wichtiger Gedanke, den die Erwachsenen besser verstehen sollten. Ich glaube, daß diese Angst vor dem Tod als einem zeitweiligen Ereignis sich um dieselbe Zeit einstellt, wenn Kinder sich oft ohnmächtig fühlen gegenüber einer Mutter, die immer nein sagt. Sie bekommen ein Gefühl des Zorns, der Wut und Ohnmacht, und die einzige Waffe, die ein vier- bis fünfjähriges Kind hat, ist der Wunsch, seine Mama würde tot umfallen. Für ein Kind in diesem Alter heißt das: »Ich mache dich jetzt tot, weil du eine böse Mami bist, aber zwei bis drei Stunden später, wenn ich ein Butterbrot möchte, will ich, daß du aufstehst und es mir gibst.« Das bedeutet für ein Kind der Glaube, daß der Tod ein vorübergehendes Ereignis ist. Meine vierjährige Tochter reagierte auf ähnliche Weise, als wir im Herbst unseren Hund begruben. Sie sah mich plötzlich an und sagte: »Es ist gar nicht so traurig. Im nächsten Frühling, wenn die Tulpen blühen, wird er wieder herauskommen und mit mir spielen.« Ich meine, es ist wichtig, daß wir Kindern diesen Glauben lassen, obwohl er vom wissenschaftlichen Standpunkt nicht richtig ist. Es ist so, als würde man einem Kind sagen, daß es kein Christkind gibt, während es den Glauben an das Christkind noch braucht. Wenn Kinder etwas älter werden, beginnen sie, den Tod als etwas Permanentes zu begreifen. Oft personalisieren sie den Tod – zum Beispiel als ein Gerippe mit einer Sense als »Sensenmann«. Die Vorstellung hängt von der jeweiligen Kultur ab. Wenn das Kind weiter heranwächst, glaubt es daran, daß der Tod etwas Permanentes ist. Kinder über acht oder neun Jahren verstehen den Tod als ein endgültiges Ereignis, genauso wie Erwachsene.

Die einzige Ausnahme von diesem allgemeinen Bild stellen Kinder im Krankenhaus dar. Kinder, die monatelang im Krankenhaus liegen, werden schneller reif als Kinder, die in einer behüteten Umgebung leben. Oft sehen sie körperlich sehr kindlich oder klein aus, aber ihre Vorstellungen von ihrem eigenen Tod sind wesentlich reifer als bei anderen Kindern. Ich möchte kurz ein Beispiel dafür geben, wie rasch Kinder, die sich mehrere Monate im Krankenhaus aufhalten, reifen und heranwachsen können. Es zeigt außerdem, wie offen und wie einfach Kinder von ihrem bevorstehenden Tod reden können, während Erwachsene sich noch den Kopf zerbrechen, wie sie mit diesen Kindern über das Sterben sprechen sollen.

Wir hatten ein siebenjähriges Mädchen in unserer Klinik, das Leukämie hatte und im Sterben lag. Das Personal war der Ansicht, daß sie zu viele Fragen stellte. Sie erkundigte sich oft nach anderen Kindern auf ihrer Station, die gestorben waren. Je mehr Erwachsene sie befragte, desto mehr Antworten erhielt sie, und sie begriff sehr schnell, daß die Erwachsenen Probleme damit haben. Eines Tages änderte sie ihre Taktik und fragte das Personal der Reihe nach, wie es sein würde, »wenn ich sterbe«. Diese Frage überraschte alle, und ich glaube, daß jeder in der für ihn typischen Weise reagierte. Der Arzt antwortete: »Ich werde eben gerufen.« Dies ist eine ausweichende Antwort, die zwar nicht hilfreich, aber auch nicht destruktiv ist. Sie bringt einfach zum Ausdruck: »Ich bin sehr beschäftigt und habe keine Zeit, über solche Dinge zu sprechen.« Das kleine Mädchen gab nicht auf. Sie hielt sich an die Krankenschwester und fragte sie: »Wie wird es sein, wenn ich sterbe?« Die Schwester gab zur Antwort: »Du schlimmes Mädchen, du sollst nicht so reden. Nimm brav deine Medizin, dann wirst du gesund werden.« Eine solche Antwort richtet viel mehr Schaden an als die ausweichende des Arztes, denn sie projiziert die eigene Vorstellung der Krankenschwester, daß der Tod eine Strafe sei. Sie besagt nämlich im Grunde: Wenn du brav bist und das tust, was ich dir sage, wirst du gesund werden, aber wenn du schlimm bist, wirst du sterben – und das ist von vornherein eine Lüge. Dann fragte das kleine Mädchen den Seelsorger. Auch er wollte sich drücken, aber er besann sich und fragte sie: »Was meinst denn du, wie es sein wird?« Die Kleine war erleichtert, daß endlich jemand ihrer Frage nicht

71

auswich, und antwortete: »Ich glaube, es wird so sein, daß ich eines Tages einschlafen werde, und wenn ich aufwache, bin ich bei Jesus und meiner kleinen Schwester.« Der Seelsorger erwiderte: »Das muß sehr schön sein.« Sie bestätigte dies, hüpfte davon und ging wieder zum Spielen.

Das soll nicht heißen, daß alle Kinder auf so reife und furchtlose Weise auf ihren Tod reagieren, aber wir dürfen wohl voraussetzen, daß dieses kleine Mädchen in seiner Familie mit Liebe und Zuversicht aufgewachsen war, in einer Umgebung, die den Tod als Teil des Lebens akzeptierte. Es ist wichtig, unsere Kinder so zu erziehen, daß sie den Tod als einen Teil des Lebens begreifen. Wenn sie dies noch vor dem Schulalter mitbekommen, werden diese Kinder nie die Phasen durchmachen müssen, die wir oben beschrieben haben.

Die Eltern müssen oft alle Stadien durchmachen, wenn sie mit dem bevorstehenden Tod eines Kindes konfrontiert sind, und ich glaube, daß es Erwachsenen viel schwerer fällt, den Tod eines geliebten Kindes zu akzeptieren. Es ist wichtig, daß wir uns nach besten Kräften Mühe geben, diesen Eltern zu helfen, und zwar möglichst, bevor das Kind stirbt, damit sie den Tod wenigstens ein Stück weit annehmen. Ich möchte hier eines meiner kostbarsten Geschenke weitergeben, weil es vielleicht am besten zum Ausdruck bringt, was Eltern durchmachen, wenn sie der Möglichkeit gegenüberstehen, eines ihrer Kinder zu verlieren. Es handelt sich um ein Geburtstagsgeschenk, das mir die Mutter eines Kindes, das Leukämie hatte, machte.

Ich hatte beide Eltern ungefähr ein Jahr lang psychologisch betreut. Jedesmal, wenn die Mutter spürte, daß sie einen Fortschritt gemacht hatte, schrieb sie den inneren Vorgang in einem Gedicht nieder. Ich möchte diese Gedichte hier wiedergeben und am Ende eines jeden einige Bemerkungen anschließen. Ihr erstes Gedicht ist dem Zimmergenossen ihres Sohnes gewidmet, der ebenfalls an unheilbarer Leukämie litt. Es hat den Titel: »Ein lustiger Tag in der Leukämieklinik«:

Heut sah ich ein sterbendes Kind im Spital,
sein Lächeln war zögernd, sein Gesicht zu schmal.
Sein Blick sah schon in die Ewigkeit,
und ich dachte: Ist morgen meiner so weit?

Ich küßte mein Kind und hielt es im Arm,
sein Lächeln machte mich glücklich und warm.
Ich meinte beinah, die Krankheit sei Schein.
Ach, bitte, laß ihn immer so sein!

Er ist warm und lebt und lächelt so lieb
und hüpft und springt und rennt wie ein Dieb.
Ein Kind voll Unschuld, ohne Bosheit doch,
ich möcht ihn behalten ein Weilchen noch.

Wer darf bleiben, und wer muß gehn?
Bis zum letzten Moment – wer kann's verstehn?
Es gibt keinen Grund, es muß so sein,
doch mein Inneres schreit – nicht meiner, nein!!

In diesem Gedicht kommt ein teilweises Nichtwahrhabenwollen zum Ausdruck. Sie weiß mit ihrem Verstand, was ihrem Kind bevorsteht, aber in ihrem Innersten kann sie es nicht glauben und sagt: »Nicht meiner, nein!« Auch ihr nächstes Gedicht ist dem Zimmergenossen ihres Sohnes gewidmet und heißt: »Bitte, stirb bald«:

Er ist acht, sieht aber viel älter aus,
er wartete lang vor dem Totenhaus.
Ich fragte mich: Bis er stirbt, wie lang?
Sein Anblick machte uns angst und bang.

Ich denk an mein Kind – was ich geben kann,
wie ihm helfen, wenn seine Qual begann.
Ich hab Angst, wenn ich weine – ach, bleib bei mir,
doch wenn er fort muß, nimm ihn schnell zu dir.

Eines Kindes Tod dürfte nicht so sein,
so quälend lang, voll Schmerz und Pein.
Laß ihn sterben, wie er lebte – er lachte so gern,
laß uns, wenn er gehen muß, ein Lied noch hör'n.

Das nächste Gedicht heißt »Abschied von Kenny«:

Du starbst letzte Nacht, so schnell bereit,
du wußtest wohl, jetzt ist es Zeit.
Besser als einer, der bleiben mag
noch eine Stunde oder einen Tag.

Es war Zeit zu gehn, da du noch weißt:
dein Leib ist gebunden, doch frei dein Geist.
Du konntest noch lächeln und Lieder singen,
dich freuen an so vielen Dingen.

Keiner ist Sieger in diesem Kampf,
er war sehr hart, nun ruhe sanft.
Wie tapfer du warst, mehr kannst du nicht tun,
und jetzt, lieber Kenny, ist's Zeit zu ruhn.

Spüren Sie, daß diese Mutter mit dem Tod von Kenny den Tod ihres eigenen Sohnes teilweise angenommen hat? Sie verhält sich gegenüber Kenny, wie wir uns gegenüber unseren Patienten verhalten. Wenn wir unserem eigenen Tod nicht ins Auge sehen können, dann können wir vermutlich auch nicht den Tod unserer Patienten akzeptieren. Jedesmal, wenn wir den Mut haben, uns auf unsere Patienten wirklich einzulassen, und die Stufe des Annehmens erreichen, wird uns dies helfen, dem Annehmen der eigenen Sterblichkeit einen Schritt näherzukommen. Das machte die Mutter mit Kenny. Sie konnte den Tod ihres eigenen Kindes noch nicht annehmen, aber sie war imstande, Kennys Tod anzunehmen. Dies wird ihr eine Hilfe sein, mit dem Tod ihres kleinen Sohnes fertig zu werden. Sie versucht das gleiche mit anderen Kindern. Sie schreibt ein Gedicht an Beth mit dem Titel »Einer Neunjährigen zum Geburtstag«:

> Springen sollte ein Mädchen von neun,
> mit Puppen spielen und lustig sein,
> sich ausdenken eine neue Frisur,
> mit Freundinnen kichern und schwätzen nur.

> Doch nicht hier liegen im Krankenhausbett,
> mit Nadeln im Arm, ohne Haare – nicht nett.
> Ich ahne den Grund, warum dieses droht:
> Hier tratst du ins Leben, hier holt dich der Tod.

In diesem Gedicht versucht sie offenbar, diesem ganzen Unfug einen Sinn zu geben. Dann geht sie vom Nichtwahrhabenwollen in die Phase der Wut und des Zorns über. Sie überträgt ihren Zorn auf viele Menschen, auch auf das Krankenhauspersonal.

Ich zitiere nur einige Zeilen aus einem ihrer Gedichte, dem Lied des Assistenzarztes, wie sie es nennt: »Ich bin Assistenzarzt, groß und mächtig./ Glauben Sie mir, es geht alles prächtig./ Ich erledige alles rasch und nett,/ wen kümmert's, wenn was danebengeht?/ Morgen behandle ich vielleicht auch Sie,/ Knochenmark, Spritzen, i. v., Autopsie./ Paar Jahre noch, dann kann ich's richtig/, doch jetzt nur soso – na, ist nicht so wichtig.«

Sie ist jetzt wütend auf jeden, der ihren kleinen Sohn anfaßt, nachdem sie wochenlang ihren Zorn auf viele Menschen übertragen hatte. Jetzt geht sie in die Phase des Trauerns über und versucht, sich vorzustellen, wie es sein wird, wenn ihr kleiner Sohn tatsächlich tot ist. Ihr kleiner Junge heißt Jeff, und Sie müssen seinen Namen kennen, um herauszuhören, wie sie sich alles vor seinem Tod vorstellt. Das Gedicht hat den Titel »Spielraum im Krankenhaus«:

Komm in den Spielraum und schau in den Spind –
das Spielzeug der Kinder, die gestorben sind.
Hier ist Annis Puppe, ein Buch von Mary,
ein Schläger, ein Ball, ein Handschuh von Larry.

Die Buntstifte Kennys sind noch spitz,
dies Bilderbuch gehörte Fritz,
Spielzeugschachteln, Bausteine, Tuben,
das ist übrig von den Mädchen und Buben.

Was schenken wir wohl von Jeffys Sachen
diesem Friedhof von einstigem Kinderlachen:
ein Puzzle, ein Buch, den Teddybär,
sein altes Dreirad? – Er liebte es sehr.

Für manchen ist's schön hier, er kommt und spielt,
daß ein krankes Kind sich glücklich fühlt.
Mein Aug und Herz wollen fort – sie fanden
Gespenster von Kindern, die wir kannten.

Nachdem sie den Vorbereitungsschmerz durchgemacht hatte, kam sie der Stufe des Annehmens sehr nahe. Dies ist sehr schwer für sie, weil sie gar keine Vorstellung von einem Leben nach dem Tode hat. Sie ist eine Frau ohne irgendeinen formalen religiösen Glauben und meint, daß man einfach tot ist, wenn man gestorben ist – es gibt keinen Himmel, keine Form der Unsterblichkeit. Daher fällt es ihr sehr schwer, zu begreifen, was mit ihrem kleinen Jeff geschehen wird.
Sie schreibt ein Gedicht mit dem Titel: »Wohin gehst du, mein Kleiner?«

Ich sah einen Jungen auf dem Fahrrad flitzen,
er war zehn, seine Augen blitzten.
Er war schlank wie du, mit blondem Haar,
doch sosehr ich auch suchte, du warst nicht da.

Eine Schar von Kindern spielte Ball,
Jungen und Mädchen, ich sah sie all.
Ich wurde rastlos, verzweifelt gar,
sosehr ich auch suchte, du warst nicht da.

Du gehörst nicht zu ihnen, mein kleiner Sohn,
du bist was Besondres, das weiß ich schon.
Eine Zeitlang hier, dann gehst du fort,
wenn ich nur wüßte, an welchen Ort.

Ich sah die Wolken vorüberziehen,
am Himmel so frei und voller Frieden,
ganz ohne Sorgen – schön und licht,
und dort, mein Sohn, dort fand ich dich.

Vielleicht können Sie sich das Bild des Achtjährigen vorstellen, der die Stufe des Annehmens erreicht hatte und einen Friedensvogel zeichnete, der in den Himmel flog. Dies ist ein ähnliches Symbol friedlichen Annehmens wie jenes, das die Mutter gebraucht, wenn sie sagt: »Ich sah die Wolken vorüberziehen, am Himmel so frei und voller Frieden, ganz ohne Sorgen – schön und licht, und dort, mein Sohn, dort fand ich dich.« Danach verfaßte sie ein Gedicht über die Zukunft:

Jetzt halte ich fest, soviel ich kann,
denn heut ist morgen für den kleinen Mann.
Schaff Erinnerungen jetzt, solang noch Zeit,
denn die Zukunft ist nur Vergangenheit.

Das Gefühl von Panik will nicht weichen,
ich verbrachte viel Zeit, mich vorzubereiten.
Warum muß er gehn ... bleibt denn nichts bestehn?
Die Zukunft soll nicht vergangen sein.

Manche Lieder sind kurz und manche lang,
vier herrliche Jahre – welch kurzer Gesang.
Doch heute singt er, ist lebhaft und schwätzt,
da wird die Zukunft zur Gegenwart – jetzt.

Nachdem die Mutter die Stufe des Annehmens erreicht und gelernt hatte, das Heute zu genießen und nicht zu sehr an das Morgen zu denken, begriff der kleine Jeff sehr rasch, daß seine Mutter jetzt in der Lage war, darüber zu reden. Er begann, von seinem eigenen Tod zu sprechen, wie die Mutter es in einem Gedicht mit dem Titel »Weißt du, wo Kenny blieb?« ausdrückte:

> Mami, weißt du, wo Kenny blieb?
> Er war mein Freund, und ich hatte ihn lieb.
> Es ist lang her, seit ich ihn gesehn,
> ich weiß nicht, wohin er mußte gehn.
>
> Kenny ist tot?
> Wer hat das getan?
> Ist ein Schuß, eine Bombe schuld daran?
>
> Ihn tötete niemand.
> Er war krank so sehr,
> da starb er ganz schnell,
> er konnte nicht mehr.
>
> So wie Mami und Papi und auch du
> und Großpapa und die andren dazu.
> Wo war er, Mami, als er gestorben so,
> beim Spielen, zu Haus, oder im Bett, irgendwo?
>
> Ich mochte Kenny, und ich vermisse ihn,
> doch es war kein Schuß, dann ist's nicht schlimm.
> Er ist nur gestorben wie wir alle einmal.
> Tschüs, ich geh raus und spiele Ball.

Sie bemerken, daß er sich den Tod als eine Katastrophe, als ein zerstörerisches Geschehen vorstellt, wenn er fragt: »Kenny ist tot? Wer hat das getan? Ist ein Schuß, eine Bombe schuld daran?« Und als seine Mutter den Tod als etwas Natürliches darstellte, sagte er rasch: »Doch es war kein Schuß, dann ist's nicht so schlimm. Er ist nur gestorben wie wir alle einmal. Tschüs, ich geh raus und spiele Ball.« Haben Sie herausgehört, was für ihn unerledigt und seine letzte Sorge war? Er fragte: »Wo war er, Mami, als er gestorben so, beim Spielen, zu Haus, oder im Bett, irgendwo?« Damit stellt er die Frage: Werdet ihr mich wieder ins Krankenhaus abschieben, oder darf ich zu Hause sterben? Der kleine Jeff wußte sehr gut, daß man ihn ins Krankenhaus bringen würde, wenn er dem Tod nahe war, wie es mit den meisten unserer Patienten geschieht.

Nur wenige Wochen später bekam Jeff eine Lungenentzündung und begann, wieder von seinem bevorstehenden Tod zu reden. Plötzlich sagte er zu seiner Mutter: »Weißt du, Mami, ich fühle mich jetzt so krank, daß ich meine, diesmal werde ich sterben.« Ein Jahr davor hätte seine Mutter höchstwahrscheinlich zu ihm gesagt: »Sei still und rede nicht so, du wirst gesund werden.« Dieses Mal war sie in der Lage, ihn anzuhören. Sie konnte sich hinsetzen und ihm sagen: »Wie meinst du, wird es sein?« Der kleine Vierjährige antwortete: »Ich glaube, du wirst mich im Krankenwagen vom Spital dorthin fahren, wo Beth Ann ist.« Beth Ann war das Mädchen, das einige Monate vorher gestorben und jetzt auf dem Friedhof war, ein Wort, das Jeff wahrscheinlich nicht kannte. Dann fügte Jeff hinzu: »Ja, und du solltest ihnen sagen, daß sie die Lichter am Krankenwagen anmachen und daß sie ganz laut hupen, damit Beth Ann weiß, ich komme.« Dies ist eines der schönsten Beispiele für mich, wie kleine Kinder zwischen drei und fünf Jahren über ihren Tod sprechen können – wenn wir uns dem stellen können und der Sache nicht aus dem Wege gehen.

Jeffy lebte bis zu seinem neunten Geburtstag, so wie seine Mutter es unbewußt in ihrem Gedicht vorausgesagt hatte: »Ich sah einen Jungen auf dem Fahrrad flitzen ...« Jeffs großer Wunsch, auf seinem glänzenden neuen, doch schon gebrauchten Fahrrad einmal um den Block zu fahren, ging kurz vor seinem Tod in Erfüllung. Er bat seine Eltern, Stützräder anzumontieren, und weil auch sein Gehirn angegriffen war, raste er fast wie ein Betrunkener um den Häuserblock.

Erschöpft kehrte er in sein Zimmer zurück. Seine Eltern nahmen die Stützräder ab und brachten auf seine Bitte sein geliebtes Fahrrad in sein Zimmer hinauf und ließen ihn allein. Erst als er seinen kostbaren Besitz auf Hochglanz poliert hatte, bat er seinen Bruder, in sein Zimmer zu kommen, und schenkte ihm das Fahrrad als ein verfrühtes Geburtstagsgeschenk. Zwei Wochen später starb Jeffy, stolz darauf, daß ihm das gelungen war, was er sich immer gewünscht hatte, und um so glücklicher, als er sein geliebtes Fahrrad an seinen jüngeren Bruder weitergeben konnte, der gesund und jetzt sieben Jahre alt war, so daß er ohne Stützräder darauf fahren konnte.

Diese scheinbar unbedeutenden Dinge sind sehr wichtig und gehören zu den unerledigten Dingen, die Kinder in Ordnung bringen müssen, bevor sie loslassen können.

Ich kannte eine andere Mutter, deren Sohn im Alter von zwölf Jahren starb und die überzeugt war, daß er nie über sein Sterben gesprochen hatte. Erst nach seinem Tod fand sie mit unserer Hilfe ein Gedicht, das der Zwölfjährige ein Jahr vor seinem Tod geschrieben hatte. Ich gebe dieses Gedicht hier wieder, um zu zeigen, wie reif und erwachsen manche Kinder sind, wenn sie in ihrer eigenen Sprache über ihren bevorstehenden Tod reden, über den die Erwachsenen

nichts hören wollen. Er schrieb ein Gedicht mit dem Titel
»Die Flamme«:

> Die Flamme ist wie ein Mensch,
> sie lebt und stirbt.
> Ihr Leben ist wild und übermütig,
> solange es dauert – sie ist lustig und tanzt
> und hat anscheinend keine Sorgen.
> Obwohl sie eine kurze Weile fröhlich ist,
> nimmt sie ein trauriges Ende.
> Traurig ist ihr Kampf, daß sie nicht sterben will.
> Zuerst wirft die Flamme
>   ein gespenstisches blaues Licht,
> wenn sie dabei ist zu verlöschen,
>   flackert und springt sie
> wieder ins Leben zurück.
> Dann sieht es aus, als ob der Trieb
> des Überlebens Sieger wäre.
> Doch weder Flamme noch Menschen
>   können ewig leben.
> Der Tod ist nah – die Flamme flackert noch einmal,
> hascht nach dem Docht, widerstrebend
> dem Schicksal, das sie überschattet – doch
>   vergeblich...
> Der Tod hat ihren Widerstand erschöpft
> und bleibt Sieger!

Dies ist die Sprache eines Zwölfjährigen ein Jahr vor seinem
Tod. Ich hoffe, daß sich mehr Eltern bewußt machen, daß
Kinder von ihrem bevorstehenden Tod sprechen können und
es auch wollen, daß sie ihren Eltern helfen können, sich
ihrem Tod zu stellen, und daß wir dieses Thema nicht tot-

schweigen sollen, sondern daß wir schon kleine Kinder viele Jahre, bevor sie mit ihrem eigenen Tod fertig werden müssen, damit vertraut machen können. Wenn wir das zustande bringen, brauchen wir keine Fachleute, die mit Tod und Sterben umgehen können, die Patienten wären nicht so schrecklich isoliert in unseren Krankenhausstationen, und wir würden uns schließlich mit der Tatsache abfinden, daß wir alle früher oder später sterben müssen.

Wir haben während des letzten Jahrzehnts mit Sterbenden gearbeitet und viel Zeit mit Eltern und Geschwistern sterbender Kinder verbracht. Da zwischen der Diagnose einer tödlichen Krankheit oder einem Unfall und dem tatsächlichen Tod eines Patienten manchmal nur wenig Zeit bleibt, war der Zeitfaktor oft ein Problem für uns. Viele Therapeuten und Ärzte gehen solchen »Klienten« einfach aus dem Weg, weil sie befürchten, daß die psychologische Betreuung einer solchen Familie zu viel Zeit kostet. Das stimmt im Grunde gar nicht. Wir haben von dem Gebrauch der Symbolsprache und von der Notwendigkeit gesprochen, diese Kunst der Kommunikation und Interpretation zu lehren und zu lernen, wo immer sich eine Gelegenheit dazu bietet.

Mit Hilfe einer Technik, die im Kantonspital in Zürich entwickelt wurde, wo ich Medizin studierte, haben wir gelernt zu verstehen, wann Kinder eine Krankheit, ein Trauma und ihren bevorstehenden Tod begreifen. Wir haben diese einfache und zeitsparende Methode verwendet, um Geschwistern (der Fall L.) und Kindern sterbender Eltern (die Fälle D. und B.) zu helfen, ihre Sorgen und Vorstellungen auszudrücken, um ihnen in einer Krisensituation, in der nicht viel Zeit für eine längere psychologische Betreuung bleibt, besser beistehen zu können.

KAPITEL II

Mutter-Kind-Station:
Totaler Einsatz bei der Pflege
eines todkranken Kindes
von Martha Pearse Elliott

Ich dachte, daß es noch schlimmer sein würde. Ich dachte, daß es keine größere Tragödie geben könnte, als ein Kind durch Leukämie zu verlieren.

Der Verlust und die Tragödie sind nicht wegzuleugnen, und die neunzehn Monate zwischen der Diagnose und dem Tod meines Kindes waren gewiß nicht leicht. Aber sie waren nicht so schwer, wie ich befürchtet hatte.

Meine Tochter Meredith war sechs Jahre alt, als sie im Januar 1973 in einem Krankenhaus in Houston starb, neunhundert Kilometer von unserem Heim in Kansas entfernt. Es war lange her, seit wir bei dunkler Nacht zum ersten Mal durch diese Türe gegangen waren, ängstlich und allein an einem fremden Ort.

Doch die Menschen, die Ärzte, die Institutionen, die unser Leben während dieser Zeit prägten, vermittelten uns eine Perspektive, die ihren Tod annehmbarer machte, als er in einem anderen Rahmen gewesen wäre.

Thanatologie, die Wissenschaft von Tod und Sterben, ist heute in Mode gekommen, und Forscher wie Elisabeth Kübler-Ross leisten unserer Gesellschaft Hilfe, einige Tabus hinsichtlich des Sterbens und sterbender Menschen zu überwinden.

Persönliche Erfahrung lehrte mich und meine Familie viele der gleichen Grundsätze, die durch die Forschung entdeckt worden waren. Einer davon lautet, daß der Tod nicht unbedingt etwas völlig Negatives ist und daß jeder von uns, ob wir nun selbst sterben oder einem Sterbenden Trost spenden, Kraftquellen besitzt, aus denen er schöpfen kann, um die noch verbleibende Zeit zu bereichern und das Ende mit gefaßter Trauer hinzunehmen.

Meine eigene Kraft kam aus einer anderen Quelle, als ich mir erwartet hatte. Glücklicherweise erhielt ich eine fundamentale und wesentliche Unterstützung durch Jerry, meinen Mann; Hunter, meinen zwölfjährigen Sohn; Meredith, das betroffene Kind; und durch meine eigene Fähigkeit, unter Streß verhältnismäßig gut durchzuhalten.

Doch es gab noch drei andere Faktoren, die für meine Erfahrung bestimmend wurden: eine Kinderstation, die für elterliche Pflege eingerichtet ist, eine »Kliniksubkultur« helfender Mütter und der Beistand einer einfühlsamen Freundin.

Am wichtigsten war die Mutter-Kind-Station. Sobald mir der Unterschied zwischen einem gewöhnlichen Krankenhaus und einer Spezialklinik, die sowohl den totalen Einsatz der Eltern als auch eine intensive medizinische Betreuung ermöglicht, klar wurde, war ich zu außergewöhnlichen therapeutischen Maßnahmen bereit.

Mutter-Kind-Stationen sind selten und liegen geographisch weit auseinander. Meistens gehören sie zu einer großen Klinik für schwere Kinderkrankheiten. Es sind natürlich nur wenige Krankenhäuser auf langfristige Pflege eingerichtet, und daher ist der Einsatz der Eltern nicht praktisch.

Es gibt jedoch viele Krankenhäuser, in denen ein größerer Einsatz der Eltern möglich wäre, als gewöhnlich angenommen wird. Die Argumente dafür, warum Eltern ausgeschaltet werden sollen, sind zahlreich. Die Ärzte meinen, daß es besser für die Eltern sei, wenn sie nichts erfahren. Das Pflegepersonal ist der Ansicht, daß Eltern nur im Weg sind und mehr Schaden anrichten, als sie Gutes tun. Die Verwaltung gibt zu bedenken, daß Extrakosten für Einrichtungen für den Aufenthalt von Eltern nicht nur ungerechtfertigt seien, sondern die Klinik zu einem Hotelbetrieb machten. Es gibt noch viele andere rationale Gründe für die Beibehaltung des traditionellen Pflegestils. Diese sind zwar rational, doch nicht unbedingt hilfreich.

Elternpflege ist nicht hundertprozentig effizient. Sie führt zu Risiken, persönlichen Konflikten und lästigen Routinearbeiten, auf die das medizinische Personal gerne verzichten würde. Doch in einer gut geführten Station nehmen die Mütter in Wirklichkeit dem Personal viele Pflichten ab, was wiederum Kosten für Extragehälter einspart.

Noch wichtiger ist, daß Elternpflege sowohl den Eltern als auch dem Kind eine tiefe Erfahrung vermittelt, die der Familie das Gefühl gibt, helfen zu können und alles zu tun, was in ihrer Macht steht. Diese Erfahrung lehrt die ganze Familie außerdem, die Krankheit des Kindes und die Behandlung zu verstehen, und hilft, mit der täglichen Belastung und der Möglichkeit des Todes fertig zu werden.

Es versteht sich von selbst, daß es in einer solchen Situation eines außergewöhnlichen Personals bedarf. Bei uns, wo sich oft bis zu dreißig Familien auf einer Etage befanden, die in beengten Wohnverhältnissen zusammen lebten und jeweils Kinder mit einer bösartigen Krankheit hatten, war die Menge an Arbeit und Aktivität in einer solchen Umgebung oft überwältigend. In unserer Etage war immer Hochbetrieb.

Dazu kommt, daß das Personal in einer Situation, in der Familien für längere Zeit, manchmal tage-, manchmal monatelang, auf der Station leben, die Familie gut kennt und manchmal eine enge Beziehung zu den Kindern und deren Eltern entwickelt. Daß alle diese Kinder sterben können und häufig wirklich sterben, ist eine Belastung, die das Personal in den meisten anderen Krankenhäusern nicht zu tragen hat.

Doch in dieser Klinik brauchen keine Vorhänge vorgezogen und keine Türen geschlossen zu werden, wenn der Tod sich einstellt. Die Fürsorge des Personals nimmt nur noch zu. Frühere Barrieren zwischen den professionellen Betreuern und den Patienten werden abgebaut, und an ihre Stelle tritt eine neue Wärme.

Aber das Personal kann nicht alle Bedürfnisse erfüllen. Obwohl die medizinischen Betreuer, die wir kennenlernten, informativ, offen, aufrichtig und in jeder Weise hilfreich waren, konnten sie nicht alle persönlichen Bedürfnisse jeder Familie erfüllen. So suchten die Familien beieinander Hilfe. Und die anderen Eltern wurden zur zweitwichtigsten Quelle der Kraft und des Beistands.

Diese Unterstützung entspricht nicht nur meiner eigenen Erfahrung, sondern wird auch in der psychologischen Literatur bestätigt. Eltern lehren einander, stützen einander in Zeiten der Not, teilen ihre Erfahrungen miteinander oder helfen einfach als Babysitter.

Dies ist eine große Familie, eine eigene »Subkultur« mit bestimmten Regeln und Grenzen. Regel Nummer 1 lautet, daß man einen Menschen in Not niemals abweisen darf.

Unsere eigene erste Nacht in der Klinik ist ein Beispiel dafür. Meredith war untersucht und unverzüglich nach Houston überwiesen worden. Wir nahmen das erste Flugzeug und versuchten dann ungeschickterweise, mit dem Auto vom Flughafen zu dem etwa fünfzig Kilometer entfernten Krankenhaus zu fahren. Es war finster, und innerhalb kürzester Zeit verirrte ich mich in dem Labyrinth der Autobahnen. Nach zwei Stunden frustrierenden Herumkreuzens hielten wir endlich auf dem Parkplatz der Klinik. Auf dem beleuchteten Schild des Gebäudes las ich die Worte, die mir einen solchen Schrecken einjagten: »Abteilung für Tumorerkrankungen«.

Dann kamen alle die Assoziationen, die ich vorher unterdrückt hatte: Tumor, Krebs, Leukämie, Tod. Dies war also eine Krebsklinik. Sie haben sie hierher geschickt, um zu sterben. Und sie haben uns nicht einmal etwas davon gesagt.

Ich war voll Angst, ich war frustriert und enttäuscht und wagte es nicht, Meredith zu erkennen zu geben, wie ernst die Situation wirklich war. Bewahre vor allem Ruhe, sagte ich mir, gleichgültig, wie dir zumute ist.

Auf der Kinderstation wartete schon ein Bett auf sie, und die Routine der Aufnahme wurde reibungslos abgewickelt. Als alles erledigt war und Meredith einschlief, bereitete ich mich darauf vor, den Rest der Nacht auf einem Sessel im Aufenthaltsraum zu verbringen und am nächsten Tag in ein Motel zu ziehen.

Zwei fröhliche Mütter erwarteten mich. Ich konnte kaum glauben, wie irgend jemand, der auch nur fünf Minuten auf dieser Station verbringen mußte, noch bei sich sein, geschweige denn so vergnügt sein konnte. Es war wie ein Wohnheim für ledige Mütter. Die Kinder schliefen, und die Mamis saßen in ihren Schlafröcken und Lockenwicklern herum und unterhielten sich glänzend.

Die beiden Mütter machten es mir bequem und erzählten mir dann von diesem seltsamen Ort.

Zunächst einmal würde ich nicht in ein Motel ziehen. Mütter übernachteten im Krankenhaus; manchmal auch die Väter, doch diese meistens nicht. Für jede Mutter wurde neben dem Bett ihres Kindes ein Notbett aufgestellt. Sie zeigten mir, wo Nahrungsmittel, Wäsche und Vorräte waren und wie ich sie benützen sollte. Eine Mutter machte sogar mein Bett.

Sie klärten mich über die Routine, die Ärzte und darüber auf, was das Krankenhaus im allgemeinen von mir erwartete und was ich von ihm erwarten konnte. Die Schwestern sagten mir am nächsten Tag ziemlich dasselbe, aber es bedeutete mir mehr, dies aus dem Munde dieser Frauen zu hören, die sich in derselben Situation befanden wie ich.

Später, während der oftmals langen Perioden des Krankenhausaufenthaltes, lehnten wir Mütter uns stark aneinander an. Unter Tags schleusten wir unsere Kinder durch die therapeutischen Prozeduren, die Routine und die Schulaufgaben. Am Abend setzten wir uns zusammen und erzählten von unseren Kindern, unseren Familien, unseren Ängsten und Frustrationen, unserem Zorn, unseren Freuden und unserer Verzweiflung. Wir brauchten einander.

Und wenn eine Mutter nach dem Tod ihres Kindes abreiste, empfanden viele von uns den Verlust in einer egoistischen Weise, und zwar gerade nicht so, wie ein Kind, das ich kannte, immer sagte, wenn einer seiner kleinen Freunde starb: »Über die brauchen wir uns jetzt keine Sorgen mehr zu machen.«

Der Ablauf unserer besonderen Art von Pflege war, in kurzer Übersicht, einfach. In erster Linie waren wir mit medizinischen Fragen befaßt. Während der ersten Tage wurden eingehende Untersuchungen durchgeführt und die Diagnose gestellt. Jede Prozedur und jedes Ergebnis wurden uns und unserem Kind erklärt.

Zur Diagnose fand eine Besprechung mit dem Chef der Pädiatrie statt, der uns über jeden Teilaspekt der Krankheit, der Medikamente, über die Möglichkeiten unserer Beteiligung an der Pflege, über den gegenwärtigen Stand der Forschung und die Heilerfolge in der Behandlung von Leukämie und anderen bösartigen Krankheiten aufklärte.

Kurz und gut, er legte alles offen dar, beantwortete jede sondierende Frage, die Jerry und ich ihm stellten, und gab uns sogar zusätzliches Lesematerial, damit wir unseren Wissensdurst stillen konnten.

Wir waren wie die meisten Eltern. Wir hatten ein unersättliches Bedürfnis nach Information, doch keiner von uns war anfangs in der Lage, alles zu verdauen. Wir vergaßen viel von dem, was man uns gesagt hatte, und man mußte es uns noch einmal, gelegentlich ein drittes Mal sagen. Das Bedürfnis nach einer Erklärung, dazu die schiere Fülle an Information und die Leugnung der Bedrohung, die wir alle verspürten, machten, daß wir in diesem frühen Zustand noch kein volles Verständnis hatten und von realistischen Erwartungen weit entfernt waren.

Unsere zweite Hilfestellung war mehr praktischer Art. Das Leben auf der Pädiatrischen Station dehnte sich oft wochen- und monatelang aus, während die Ärzte versuchten, eine Besserung herbeizuführen. Wir verbrachten den ganzen Sommer 1971 in Houston, davon die meiste Zeit im Krankenhaus.

Die tägliche Routine war genau das, was das Wort besagt. Die Kinder wurden mit der Behandlung, mit Schularbeiten, Beschäftigungstherapie oder Spielen mit ihren Eltern oder anderen Kindern beschäftigt.

Die Mütter verrichteten niedrige Arbeiten, die sie sonst langweilig gefunden hätten. Wir waren nicht dazu verpflichtet, aber wir durften es tun, und die meisten von uns taten es aus freien Stücken.

Eine ständige Aufgabe bestand natürlich darin, unsere Zimmerecke von zwei mal drei Metern irgendwie in Ordnung zu halten. Das war gar nicht so einfach, wenn man das Verhältnis der angesammelten Dinge zu dem uns zugeteilten Raum bedenkt. Für jede Aufgabe – Essen, Schlafen, Spielen, Behandlung – mußte die Einrichtung vollkommen umgestellt werden.

Wir wechselten Leintücher, trugen die Tabletts mit dem Essen, maßen Fieber, halfen in vielen Fällen bei der Verabreichung von Medikamenten und »assistierten« in allen routinemäßigen medizinischen Verfahren, einschließlich der häufigen Knochenmark- und Lumbalpunktionen. Wir spendeten Blut und Thrombozyten.

Wir lernten, wie man eine intravenöse Spritze handhabt. Wir machten uns mit den Medikamenten und ihren Dosierungen vertraut und achteten argwöhnisch darauf, daß jedes Kind die richtige Behandlung bekam.

Der Medikamentenschrank stand offen, und wir nahmen uns selbst, was wir brauchten. Wenn ein Kind ambulant behandelt wurde, so enthielt die Tasche einer typischen Mutter etwa folgendes: Heftpflaster, Klebeband, Mullbinden, Alkoholtupfer, eine Spuckschüssel, eventuell einige Injektionsspritzen, Kochsalz- und Heparinlösungen, ein Stück antibakterieller Seife oder wenigstens einige Päckchen antiseptischer Erfrischungstücher und diverses anderes medizinisches Zubehör. Wir waren alle ausgerüstet wie Drogensüchtige – wie »Junkies«.

Wir lernten, wie man Blutbilder liest und was sie bedeuten. Das war besonders wichtig für ambulante Patienten, die genau wissen müssen, wie anfällig sie für Infektionen sind.

Hatten sie genug weiße Blutkörperchen, um in die Schule oder ins Kino gehen zu dürfen? Da zu Hause in Kansas dreimal in der Woche ein Blutbild gemacht werden mußte, warteten wir nicht darauf, daß die Ärzte nach einem langen Arbeitstag im Labor anriefen, uns zurückriefen, das Ergebnis erläuterten usw. Die Ärzte erteilten den Labors bald die Erlaubnis, uns die Information zu geben, und wir konnten sie selbst auswerten.

Wir lernten auch, manche der Medikamente in der ambulanten Pflege selbst zu spritzen. So wurden zum Beispiel manche Medikamente dreimal am Tag in regelmäßigen Abständen intravenös gespritzt. Es war unpraktisch, wegen dieser Injektionen zwei Wochen oder länger jeden Tag um sieben, drei und elf Uhr durch die ganze Stadt zu fahren, ohne die Garantie, daß in der Notbehandlung das Medikament auch rechtzeitig gespritzt werden konnte.

So lernten wir, die Injektionen selbst zu geben. Die Ärzte legten eine Dauerkanüle und sicherten diese mit einem verstärkten Verband und einem Heparinverschluß. Dreimal am Tag machten wir zu Hause frische Medikamente zurecht, probierten die Nadeln aus, um zu sehen, ob sie funktionierten (wenn das nicht der Fall war, mußten wir dann doch in die Klinik fahren), und spritzten die Medikamente selbst oder überließen dies sogar dem Kind. Dann ging es fort zum Spielen oder in die Schule oder zurück ins Bett, mit einem Minimum an Störung und Streß.

Eltern lernten auch, wann sie Ursache zur Panik hatten und wann nicht. Allmählich lernten sie, daß in manchen Fällen Erbrechen, erhöhte Temperatur oder Schmerzen an seltsamen Stellen zu erwarten waren. Sie lernten außerdem, daß Kopfschmerzen, ein blauer Fleck oder eine Gewichtszunahme eine ernste Angelegenheit sein konnte.

Wir waren in vieler Hinsicht die Assistenten des Arztes. Wir besaßen nur ein Minimum an Kenntnissen und Geschick, doch es reichte aus, um dem Arzt viele Dinge berichten zu können, auf die das Personal nicht auch noch achten konnte. Und obwohl auch informierte Eltern zahlreiche Fehler machen, so begehen uninformierte noch viel mehr. Außerdem sind die Nichtinformierten von Unsicherheit, Ungewißheit und ständiger Furcht geplagt. Unwissenheit ist nicht unbedingt ein Segen.

Wichtig daran ist – obwohl die elterliche Pflege keine perfekte Lösung ist –, daß fast alle Mütter, die ich in dieser Situation getroffen habe, froh waren über die Gelegenheit, irgendwie zu helfen, und wenn die Aufgabe noch so lästig, langweilig oder sogar erschreckend war. Sie ist nicht immer angenehm, aber sie lohnt sich.

Ich kenne keine Mutter, die wirklich gerne Erbrochenes aufwischte oder einen stinkenden Verband wechselte. Aber ich kenne auch nur wenige, denen es lieber gewesen wäre, daß jemand anders diese Arbeiten verrichtet hätte.

Jede Art von Hilfe, die Eltern leisten können, gibt ihnen das Gefühl, von Nutzen zu sein und helfen zu können in einer sonst ausweglosen Situation. Ich kannte eine Akademikerin, die sich an den Tod ihrer Mutter durch eine bösartige Krankheit vor einigen Jahren zurückerinnerte. Sie berichtete, wie sie den Schwestern gesagt hatte, daß sie gerne die Böden schrubben würde, wenn dadurch jemand frei würde, um ihrer Mutter in ihren letzten Augenblicken Hilfe und Trost zu spenden – die Art von Hilfe, die ihr die Medizin nicht geben konnte.

Die Eltern halfen sich auch gegenseitig. Der beste Rat, den ich je erhielt, kam von zwei Müttern. Eine von ihnen, deren Bekanntschaft ich zu Anfang im Krankenhaus machte, hatte ein Kind, das mir, offen gestanden, angst machte. Es war das Bild des Todes, ein regelrechtes Skelett. Alles Schreckliche, was einem Krebspatienten zustoßen kann, war diesem Kind geschehen. Ich mochte es nicht.

Natürlich kannte ich das Kind eigentlich nicht, obwohl wir eine Zeitlang ein Zimmer miteinander teilten. Es erinnerte mich jedoch qualvoll daran, was mit meinem eigenen, süßen kleinen Mädchen passieren konnte, und mir war in ihrer Nähe sehr unbehaglich. Später verfolgte sie und all das, was sie symbolisierte, mich bis in meine Träume.

Ihre Mutter und ich waren uns nie nahe gestanden. Dazu fehlte uns eigentlich immer die Zeit, denn M. starb, kurz nachdem wir im Krankenhaus eintrafen. Aber ich lernte viel vom Zuhören, wenn wir in der nur für Mütter bestimmten Schlange vor der Dusche standen, wo die Unterhaltung manchmal intim wurde und ernste Dinge betraf.

Als M. eines Morgens starb, hatten wir irgendwie die Nachricht verpaßt. Bevor ihre Mutter endgültig das Krankenhaus verließ, kam sie in unser Zimmer, faßte mich an den Händen und sagte: »Ich wünsche Ihnen alles Gute.«

Ich wußte sofort, was sie meinte, und hatte Angst. M. war die erste. Es kam also wirklich vor, daß Kinder hier starben. Wir gingen in den Flur hinaus, und sie sagte: »Haben Sie keine Angst davor, sie gehen zu lassen.« Wir umarmten uns, sie ging fort und ließ mich mit diesem einfachen, aber inhaltsschweren Satz zurück. Er war ein unschätzbares Vermächtnis.

Eine andere Mutter, die mir half, war eine Zimmergenossin aus der ersten Zeit, die mich mit den meisten Regeln für den Krankenhausalltag vertraut machte und die heute noch eng mit mir befreundet ist.

Der Tod ihres Sohnes vor mehr als einem Jahr, bevor Meredith starb, zwang uns zum ersten Mal, unsere Tochter mit dem Tod eines Freundes zu konfrontieren, der dieselbe Krankheit hatte wie sie.

Wir besuchten die Familie oft in ihrem Heim, wo Meredith sah, wie die Eltern offen, aber nicht melodramatisch mit ihrem Verlust umgingen und wie sie mit ihren verbleibenden Kindern wieder zu einem glücklichen Leben fanden, anscheinend ohne irgendein Ressentiment gegen das kranke Kind oder den Klinikaufenthalt, der sie so lange getrennt hatte.

Diese Frau deutete behutsam an, daß es gut wäre, schon im vorhinein Anordnungen zu treffen für das Begräbnis, die Autopsie und alles, was im Falle des Todes erledigt werden muß.

Sie sagte mir auch, nachdem sie selbst einen ungewöhnlich langen und schweren Kampf durchgemacht hatte, daß »es nicht so schlimm ist, wie Sie meinen«. Und das stimmte auch.

Diese beiden Faktoren, das geplante Programm elterlicher Pflege und die »Subkultur der Mütter« mit ihrer spontanen Hilfsbereitschaft, waren für mich am nützlichsten in dem Prozeß, mit dem Tod unseres Kindes fertig zu werden.

Aber es gab noch andere wichtige Personen, von denen eine einige der folgenden Interviews beisteuerte. Im Rückblick sehe ich auch darin etwas Typisches. Die meisten Eltern suchen sich zusätzlich zur unmittelbaren Familie oder den anderen Müttern noch eine weitere »Stütze«. Das kann ein Freund oder ein Verwandter sein, aber ich habe mit erstaunlicher Häufigkeit beobachtet, daß diese enge Beziehung zu anderen Angehörigen des Klinikpersonals geknüpft wird.

Für gewöhnlich ist es nicht der behandelnde Arzt, sondern öfters ein Mitglied des Personals aus einer anderen Abteilung, das häufigen Kontakt mit der Familie hat. Sekretärinnen, Physio- oder Beschäftigungstherapeutinnen, Laborantinnen, Schwestern oder Ärzte aus anderen Stationen und viele andere. Jedes Kind scheint unter dem Personal einen »speziellen Freund« oder eine Freundin zu haben.

Die spezielle Freundin von Meredith war eine junge, noch in der Ausbildung stehende Psychologin, die im Sommer 1971 ein Forschungsprojekt am Krankenhaus durchführte. N.s Patienten waren meistens Kinder, die eine Rehabilitationstherapie bekamen. Daher waren wir nicht auf ihrer »Liste«. Aber unsere Zimmergenossen hatten mit ihr zu tun, und im Rahmen dieser Gruppe entstand zwischen ihr und Meredith bald eine faszinierende Beziehung.

Am Ende des Sommers kehrte N. an die Universität von Texas zurück, und Meredith durfte nach Hause, nachdem die lange erwartete Besserung eingetreten war. Bevor wir uns trennten, vertraute die junge Frau mir an, daß sie selbst Krebspatientin war und einen neuen (zweiten) und inoperablen Tumor hatte. Ich sollte Meredith nur ja nichts davon sagen – niemals.

Es war kaum ein Monat vergangen, als N. ein Ferngespräch mit uns führte und fragte, ob sie uns für ein Wochenende besuchen könnte. Zögernd willigte ich ein. Mir widerstrebte ihre Bitte aus vielen Gründen, aber Meredith hatte eine solche Zuneigung zu ihr gefaßt, daß ich einfach nicht ablehnen konnte.

Der Besuch wurde beinahe zu einer Katastrophe.

Manche der Ereignisse werden in dem folgenden Interview mit dem »Team« ausführlich dargestellt. Aber trotz aller Schmerzen war dies der Anfang einer intensiven Beziehung zwischen uns dreien. Später konnten wir zu dritt dem Tod ins Auge sehen.

Merediths Besserung hielt für ein Jahr nach ihrer ursprünglichen Einweisung in die Klinik an. Während dieser Zeit fuhren wir zur ambulanten Behandlung häufig nach Houston, wo wir N. oft ohne ihre weiße Uniform in ihrer neuen Rolle als Patientin erlebten. Ihre Familie bot an, uns zu beherbergen. Wir nahmen ihre Gastfreundschaft an und sahen sie oft.

Während dieses Jahres ging es Meredith gut, und sie führte ein relativ normales Leben. N. dagegen wurde immer kränker. Dreimal nahm ich Abschied von ihr, weil ich überzeugt war, daß sie die nächste Behandlung oder Operation nicht überstehen würde. Sie überlebte jedoch nicht nur, sondern scheint heute vom Krebs geheilt zu sein. Dies ist eine der seltenen Erfolgsstories, wenn man die außergewöhnlichen Widerstände bedenkt, die sie überwinden mußte.

Auch ich überlebte. Ich hatte viele Monate lang die Symptome einer multiplen Sklerose verborgen, die fast zur selben Zeit auftraten, als Meredith erkrankte. Schließlich konnte ich sie nicht mehr verbergen.

Heute kann man sich schwer vorstellen, daß ich an irgendeiner Krankheit sterben könnte. Ich habe keine merkliche Schwäche und fühle mich zu gesund, um überhaupt ans Sterben zu denken. Doch im Frühjahr 1972, als ich es aufgab, mir selbst und meiner Umwelt weiszumachen, daß ich eine Superfrau sei, wurde der Tod zu einer echten Bedrohung, wenn auch noch in unwirklicher Ferne. Mein einziges Ziel war, stark genug zu sein, daß ich Meredith durch ihre schwere Prüfung begleiten konnte. Mir wurde nicht nur dies zuteil, sondern noch viel mehr.

Trotz aller meiner Ängste hinderte meine Krankheit mich nicht einmal in meiner Fähigkeit, normal zu funktionieren oder mein Kind zu pflegen. Und in mancherlei Hinsicht wurde sie sogar zu einer Quelle der Kraft und einer besonders innigen Beziehung.

Ende August 1972 hatte Meredith einen Rückfall, der zeitlich mit einem eindrucksvollen Besuch in einer neuen Kinderklinik in einem anderen Staat zusammenfiel, wohin mehrere unserer Ärzte und Betreuer aus Texas übersiedelt waren. Die Frage: »Welche Klinik?« wurde zu einem echten Dilemma. Wir wählten Texas.

Fünf Monate folgten ihrem ersten Rückfall bis zu ihrem Tod im Januar. Sie verbrachte nur zwei Monate im Krankenhaus, drei Wochen zu Hause und den Rest als ambulante Patientin. Jeden vollen Tag verbrachten wir in der Klinik. »Zu Hause« waren wir bei N.s Familie oder in der Wohnung, die wir mit anderen Familien aus Wichita (Kansas) teilten, die ebenfalls Kinder in Houston in Behandlung hatten.

Der Personalwechsel in der Pädiatrie hatte eine Veränderung der Atmosphäre auf der Station zur Folge. Oder vielleicht hatten wir »Alten« auf die Veränderungen übertrieben stark reagiert, weil unsere Rückkehr aufgrund eines Rückfalls an sich schon ein böses Omen war. Als wir das erste Mal kamen, konnte es (fast) nur bergauf gehen. Dieses Mal wußten wir, daß es nur noch bergab ging.

Der Herbst war eine Berg- und Talbahn von Rückfall, Besserung und einem nochmaligen Rückfall. Eine Lungenentzündung nach dem Erntedankfest Ende November und eine Therapie mit einem neuen Medikament hatten Meredith anfälliger denn je für Infektionen gemacht. Weihnachten rückte heran, und die Aussichten waren düster.

Zwei Wochen vor Weihnachten kauften wir einen winzigen Baum und verbrachten die nächsten Tage damit, ihn zu schmücken. Ich fädelte Popcorn und Preiselbeeren auf, und Meredith schnitt kleine Nikoläuse, Sterne und Engel aus.

Dieser struppige kleine Baum wurde ein Symbol unserer letzten Hoffnung, unserer letzten Anstrengung. Er war wirklich der niedlichste Weihnachtsbaum, den wir je gehabt hatten. Die kleine Lichterkette strahlte wie ein Leuchtturm im Fenster unserer Wohnung.

Vier Tage vor Weihnachten war das Ergebnis der Knochen-markpunktion wieder einmal schlecht. Das überraschte mich nicht, aber Meredith war niedergeschlagen. Für sie war eine Besserung »fällig«. Den ganzen Herbst hindurch hatte sie die schlechten Ergebnisse hingenommen, weil sie wußte, daß das nächste in Ordnung sein würde, wenn auch nur für eine kurze Zeit. Sie weinte bitterlich. Es war der Anfang vom Ende.

Die Ärzte schickten uns nach Hause. Aber wir konnten nicht nach Hause – Hunter war schwer krank, und wir wollten nicht riskieren, Meredith einer Infektion auszusetzen. Was sollten wir tun? Die Entscheidung fiel uns schwer. Wir alle wußten, daß es das letzte Weihnachten sein würde, und es sollte ein schönes Fest werden, was immer geschehen mochte.

Fast wären wir in Houston geblieben. Unsere »Familie« auf der Pädiatrischen Station war immer noch da, und wir hatten uns so miteinander befreundet, daß es uns angenehm gewesen wäre, bei ihnen zu bleiben. Sogar diejenigen, die über Weihnachten entlassen waren, brachten einen Trut-hahn mit Zutaten und Sekt in die Klinik, um samt ihren übrigen Familienmitgliedern ein fröhliches Weihnachtsfest mit uns zu feiern.

Aber wir beschlossen, uns trotzdem auf den Weg zu machen, und kamen auf einem langen Umweg nach Hause, weil wir bei meinen Eltern in Missouri noch einem Familientreffen beiwohnen wollten. Unseren kleinen Baum nahmen wir mit.

Es war eine glückliche Zeit trotz unserer Enttäuschungen, und Hunter wurde sogar am selben Tag gesund. Dann fuhren wir nach Hause. Als wir die Richtung nach Westen einschlugen, kam ich mir vor wie von Furien gehetzt. Wir wollten nur nach Kansas in unser eigenes Heim.

Wir erreichten die Zufahrt zu unserem Haus am Heiligen Abend um einundzwanzig Uhr dreißig, dem Weihnachtsmann nur einen Schritt voraus. Freunde hatten das Haus mit duftenden grünen Zweigen geschmückt und Kerzen und Schalen mit Früchten und Nüssen aufgestellt. Ein helles Feuer brannte im Kamin. Der Baum war geschmückt, und um ihn herum waren die Geschenke aufgebaut. Die Familie war wieder vereint, und trotz der schweren Belastung von Krankheit, Streß und Trennung war es das schönste Weihnachten, das wir je erlebt haben.

Die darauffolgende Woche war jedoch weniger erfreulich. Meredith brauchte mehrere Transfusionen. Ihr Blutbild war schlecht. Ihre Angst vor dem Tod trat jetzt offen hervor. »Kann man sterben, wenn man keine Polys* hat?« fragte sie dann. »Nein«, antwortete ich ihr und erklärte ihr warum. »Aber ich fürchte mich so«, sagte sie.

Ich versuchte, ihr zu versichern, daß diese Dinge zwar erschreckend aussahen, daß sie dies alles aber schon einmal durchgemacht und daß das Blutbild sich immer wieder gebessert hatte. Aber sie durchschaute mich, und in dieser Woche trafen wir die Vorbereitungen für ihr Begräbnis.

Innerhalb von wenigen Tagen bekam sie eine Infektion, und wir traten den Rückweg nach Texas an. Die Infektion war bald überstanden, aber mit uns beiden war eine emotionale Veränderung vorgegangen. Das sehe ich jetzt sehr deutlich,

---

* »Polys« = polymorphkernige Granulozyten, das heißt Zellen, die dem Körper zur Infektabwehr dienen (Anm. d. Übers.).

aber damals wußte ich nur, daß etwas anders geworden war, etwas Undefinierbares.

Wir begannen uns beide zurückzuziehen. Wir schmiegten uns in meinem Bett aneinander und waren vollkommen zufrieden, niemanden zu sehen und mit niemandem zu sprechen, nicht einmal mit unseren Zimmergenossen, die wir so gerne hatten. Meredith sagte mir wieder, daß sie Angst hatte. »Angst wovor?« fragte ich sie. »Einfach so«, antwortete sie dann.

Die Therapie machte mir Sorge, und ich drängte auf eine Konferenz mit den Ärzten. Mir wurde mitgeteilt, was ich bereits wußte. Die Dinge standen schlecht, aber es gab noch Medikamente, die man ausprobieren konnte. Da noch Behandlungsmöglichkeiten bestanden, sah alles wieder besser aus.

Eine Woche danach ging es Meredith besser, und sie bekam Ausgang für das Wochenende. Jerry und Hunter kamen mit dem Flugzeug, und wir fuhren zu unserer Wohnung, wo wir ein stilles Wochenende zusammen verbringen wollten. Bei unserer Ankunft entdeckten wir, daß fremde Leute eingebrochen waren, unsere Sachen in den Vorraum geworfen hatten und daß die Wohnung mit Zigarettenstummeln und verfaulenden Nahrungsmitteln übersät war. Der Gestank war unerträglich. Wir konnten die Schuldigen nicht ausfindig machen, und es blieb uns nichts anderes übrig, als in ein Motel zu ziehen.

Wir konnten das Rätsel nicht aufklären, obwohl wir es während des ganzen Wochenendes versuchten. Unser Zorn und unsere Telefonrechnung stiegen in gleichem Maße. Doch am Sonntag machte es nichts mehr, weil ein anderes Unglück über uns hereingebrochen war. Meredith klagte über Symptome, die wir beide als Lungenentzündung erkannten. Sie hatte starke Schmerzen. Wir packten in Ruhe unsere Sachen und fuhren in die Klinik zurück.

Jerry und Hunter flogen an dem Abend nach Hause. Im Verlauf dieser Woche wurde das Blutbild Merediths immer schlechter, während die Lungenentzündung sich verschlimmerte. Am Freitag wußten wir, daß sie dringend weiße Blutkörperchen brauchte, um ihre Abwehrkräfte zu stärken. Glücklicherweise befanden wir uns in einer der wenigen Kliniken im ganzen Land, die einen Blutzellseparator besitzt. Jerry flog nach Houston, um als bevorzugter Spender die kostbaren weißen Blutkörperchen zur Verfügung zu stellen. Das ist eine scheußliche Form der Hilfeleistung. Die Spender werden künstlich krank gemacht, damit der Körper gezwungen wird, eine große Menge weißer Blutkörperchen zu erzeugen. Ohne sie würden viele Patienten sterben, aber die Spender sind wahre Helden.

Mehrere Tage lang konnte Jerry keinen Flug bekommen. Inzwischen wurde Meredith auf die Liste der kritischen Fälle gesetzt, und wir begannen, uns auf das Unvermeidliche vorzubereiten. Mein Vater, der Arzt in Missouri ist, kam her, um uns beizustehen. Und nachdem wir eine der schwierigsten Entscheidungen im gesamten Verlauf von Merediths Krankheit getroffen hatten, veranlaßten wir, daß auch Hunter eingeflogen wurde.

Wir hatten versucht, Hunter so gut es ging auf Merediths Tod vorzubereiten, aber er hatte immer Schwierigkeiten damit. Zu Weihnachten hatte er uns gesagt, als wir ihn mit der Möglichkeit konfrontierten, daß Meredith früher sterben könnte, als wir erwartet hatten, daß er nicht nach Houston kommen wollte, wenn es mit ihr »schlecht stehe«.

Wir ließen ihn trotzdem kommen. Es war für uns alle schmerzlich. Als er sie aber wirklich sah, obwohl sie im

Koma lag, reagierte er sehr echt auf sie. Er streichelte ihren Kopf, sagte ihr, wer er war und daß er sie lieb hatte. Ja er verabschiedete sich von ihr.

Er war nicht im Krankenhaus, als sie dann wirklich starb, und auf dem Weg nach Hause fragte er, ob es nicht vielleicht ein Irrtum sei und ob sie vielleicht gar nicht wirklich tot wäre. Zuerst dachte ich, daß dies für einen Zwölfjährigen eine sehr unreife Frage war. Immerhin war er alt genug, zu wissen, daß am Tod nichts zu ändern war. Dann erinnerte ich mich, daß ich dieselbe Frage gestellt hatte, als ich mit dem Tod einer jungen Freundin konfrontiert wurde. Ich war damals vierzehn.

Es war schwer, dieser endgültigen Realität ins Auge zu sehen. Sogar für mich. Ich hatte mehr als die anderen in der Familie gewußt, daß der Tod sie Tag für Tag um ein Stück weiter einholte. Ich trauerte während der ganzen Zeit, insbesondere zur Zeit der Diagnose und ihres ersten Rückfalls. (Ein Arzt sagte uns einmal, daß der erste Rückfall der grausamste Schlag von allen ist.)

Als das Ende kam, waren wir bereit. Keiner von uns wollte, daß es so weitergehe. Wir wünschten uns nur, daß es vorbei wäre. Ich sah, wie sie ihren letzten Atemzug tat, und obwohl ich wieder weinte, war ich erleichtert, daß ihr nun nichts mehr weh tat. Sie sah rosig, gesund und friedlich aus.

Irgendwie war es für uns alle ganz anders, als wir sie drei Tage später in ihrem Sarg wiedersahen. Es war eine andere Art des Totseins. Sie war jetzt wirklich und endgültig tot. Ich hatte den Leichenbestatter vorher gefragt, warum wir diese ganze Prozedur mitmachen mußten, daß sie angezogen wurde und daß wir sie sehen sollten, bevor wir, wie wir geplant hatten, den Sarg während des Gottesdienstes schließen lassen wollten. Wir hatten sie ja bereits tot gesehen. Er sagte nur, daß wir es tun müßten. Und jetzt weiß ich, warum. Es war eine Endgültigkeit, die niemand von uns vorausgesehen hatte.

Seit dieser Zeit habe ich Schwierigkeiten, mich mit meinem Verlust abzufinden. Es fiel mir schwer, mich wieder an die Familie zu gewöhnen, nachdem wir gelernt hatten, so lange ohne einander auszukommen, und ich hatte Mühe, Ziel und Richtung in meinem Leben zu finden, weil meine Werte sich geändert hatten und die alten nicht mehr gültig waren. Ich hatte jedoch keine Schwierigkeit, die Realität von Merediths Tod anzunehmen. Er war das »Realste«, was je geschehen ist. Meine Gefühle für meine Tochter und ihr Ringen mit dem Tod sind nichts Einmaliges, aber sie gelten auch nicht für jeden Menschen. Es ist meine Hoffnung, daß wir noch viele nützliche Informationen aus der Forschung über Tod und Sterben bekommen und daß wir alle von unserer Todesangst und den diesbezüglichen Tabus erlöst werden, damit wir die Freiheit erlangen, ein volleres und befriedigenderes Leben zu führen, sogar die Schwerkranken und Sterbenden, oder besonders diese. Bis vor kurzem war dies noch ein unerforschtes Gebiet.

Das folgende Material gibt einen Einblick in das Leben und Sterben auf einer pädiatrischen Krebsstation. Manches davon gibt vor allem meine eigene Erfahrung und meine Beobachtung der Gefühle von Eltern wieder bezüglich der Krankheiten ihrer Kinder, der Auswirkungen auf die Familie, der Werte und Lebensweisen.

Die Gespräche wurden sechs Wochen nach Merediths Tod aufgenommen, als ich verschiedene Freunde besuchte, die in der Klinik gearbeitet hatten – unsere junge Psychologin-Patientin-Freundin und eine andere Angehörige des Klinikpersonals, die in einem der helfenden Berufe erfahren und ausgebildet war. Die Gespräche sind in ihrer Art sehr persönlich und werden hier als Erfahrungen und, so hoffe ich, als Erkenntnisse angeboten. Sie sind nicht als streng wissenschaftliche Ergebnisse oder als Kommentar zur Krankenhauspolitik aufzufassen. Alle Namen sind, mit Ausnahme derjenigen meiner Familie, frei erfunden.

Belastung der Familie

Wenn eine Familie von schwerer Krankheit heimgesucht wird, tritt in vielen Fällen eine Ehescheidung als unerwartete Nebenwirkung auf. Genaue Statistiken sind schwer zugänglich, doch Leute, die beruflich mit solchen Situationen zu tun haben, schätzen die Scheidungsrate während der Krankheit eines Kindes vier- bis fünfmal so hoch ein als die normale Quote. Über die Scheidungsquote nach dem Tod eines Kindes gibt es in den meisten Fällen keine Dokumentation.

Mutter: Wir sprachen davon, wie man mit Familien umgeht, die Schwierigkeiten haben. Ich meine, ob es solchen Familien besser geht, wenn sie aus ihren Schwierigkeiten durch Krankheit oder Tod eines Kindes aufgeschreckt werden?
Beraterin: Natürlich gibt es eine bestimmte Anzahl von Familien, die Schwierigkeiten haben, bevor sie hierher kommen, die vielleicht schon immer Probleme gehabt haben. Nach meiner Erfahrung zerbrechen diese Familien ziemlich schnell. Dann gibt es eine Reihe von anderen Familien, denen es wahrscheinlich ganz gut gegangen wäre – ohne eine in unserem Sinn erfüllte Ehe, aber immerhin in einer Beziehung, wie die meisten Menschen sie leben, die ihr

Potential nicht verwirklichen, sich jedoch nicht trennen; und die Belastung für solche Familien ist ungeheuer. Diese Leute trennen sich dann häufig entweder zu irgendeinem Zeitpunkt während der Behandlung des Kindes oder nach seinem Tod. Ich glaube, daß eine Reihe dieser Leute sich nicht hätte scheiden lassen, wenn diese oder eine andere schwere Krise nicht gekommen wäre.

Es gibt verschiedene andere Ehen, die in meinen Augen sogar erheblich gestärkt daraus hervorgehen. Das heißt nicht, daß sie während des Verlaufs nicht auch schlimme Zeiten durchmachen, aber ich meine, daß Paare, die durch diese Erfahrung des Leids, des Verlusts eines Kindes und des Standhaltens hindurchgehen, etwas Positives für ihre Ehe daraus gewinnen können, genauso wie Einzelpersonen, wie Sie ja wissen.

Eine der echten Schwierigkeiten für eine Eheberatung ist die, daß meistens nur ein Partner hier ist. Ich will damit nicht sagen, daß man nicht auch mit einer Person viel ausrichten kann, aber wie in jeder Art von Therapie, an der nur der eine Partner teilnimmt, kann das allein schon zum Bruch einer Ehe führen. Wenn also hier jemand in eine Therapie einsteigen möchte und wir keine Möglichkeit haben, auch mit dem Partner zu arbeiten, dann ermutigen wir den anderen, dort Hilfe zu suchen, wo er gerade ist. Und dann tun wir hier, soviel wir eben können.

Ich hatte mal ein Ehepaar aus Texas ... Ich schickte sie zur Familienfürsorge, und sie gingen ein- oder zweimal hin und blieben dann weg wie viele Leute, wenn die unmittelbare Krise vorbei ist. Aber von Zeit zu Zeit kamen sie wieder, und manchmal führte die Mutter mit mir ein Ferngespräch, und ich versuchte, sie zu bewegen, wieder zur Beratung zu gehen, und erklärte ihr ..., daß sie im Grunde nichts gelöst hatten. Und sie hatte alle möglichen physischen Symptome, und ich sagte ihr, daß dies meiner Meinung nach mit dem zu tun hatte, was zwischen den beiden *nicht* passierte. Aber nein, damit wollten die zwei nichts zu tun haben. Schließlich aber begriffen sie es, und heute arbeiten sie regelmäßig an ihren Schwierigkeiten. Ja, so etwas läßt sich machen.

Viele Krisen, zum Beispiel wenn ein Mann seine Stellung verliert oder wenn der eine oder andere Partner untreu ist oder wenn sonst etwas geschieht, was eine Ehe zerrütten kann, sind Dinge, die beide gemeinsam zu bewältigen versuchen können.

Etwas macht mir Kummer, daß nämlich unsere Art, die Mütter bei ihren Kindern bleiben zu lassen, sofort zu einer Familientrennung führt. Das ist nicht immer der Fall, weil manchmal die ganze Familie hierherzieht, wenn der Beruf des Mannes dies erlaubt, und ich glaube, daß dies die viel befriedigendere Lösung ist. Aber natürlich kann nicht jeder nach Houston übersiedeln.

Mutter: Ich meine, daß da noch etwas anderes mitspielt. Ich habe mit verschiedenen Müttern darüber gesprochen. Wir alle hatten das Gefühl, daß wir der Krankheit nachgeben und daß sie unser Leben beherrschen würde, wenn wir nach Houston übersiedelten. Damit ist nicht gesagt, daß nicht ohnehin schon 90 Prozent unseres Lebens sich um die Krankheit drehen, und damit kommt man irgendwie zu Rande, aber hundertprozentig für die Krankheit zu leben, das war uns zu viel. Ich weiß, daß meine erste Reaktion war: Gut, dann ziehen wir eben nach Houston. Meine zweite Reaktion war: Nein, das tue ich bestimmt *nicht.* Aber ich sehe ein, daß es leichter ist, wenn man hier ist. Wir hatten natürlich eine Wohnung hier, und das machte die Sache einfacher.

Beraterin: Nein, Sie hatten ihren Mann und Ihr Kind nicht hier.

Mutter: Das stimmt, aber ich hatte genug Freunde hier, daß ich eine »Familie« hatte, und so fiel mir alles leichter.

Beraterin: Ich spreche aber immer noch von der wirklichen Familie, der Kernfamilie. Und ich verstehe Sie, weil ich gegen das bin, was manche Ärzte empfehlen, daß zum Beispiel jemand, der Asthma hat, nach Arizona übersiedeln soll. Wenn aber einer, bitte sehr, nicht nach Arizona übersiedeln will, dann hat er dadurch noch mehr Probleme. Ich rede den Leuten nicht zu, daß sie hierherziehen. Ich sage lediglich, daß dies die einzige Möglichkeit ist, geographisch zusammen zu sein, und ich bin mir dessen bewußt, daß ein solches Zusammensein nicht bedeuten muß, daß die Menschen sich wirklich nahe sind.

Aber ich weiß auch, daß eine physische Trennung an und für sich auf die meisten Ehen verheerende Auswirkungen hat. Weil Menschen nämlich wachsen, und wenn sie nicht zusammen sind, leben sie sich auseinander. Es gibt keinen anderen Weg. Wissen Sie, meine persönliche Reaktion darauf, und ich verstehe Sie ja, ist die, daß alle Mütter, die ein Kind mit Leukämie hier haben und meinen, daß die Krankheit nicht ihr Leben beherrscht, sich etwas vormachen. Es dreht sich nämlich alles um die Krankheit.

Mutter: Ja, ich weiß, aber es gibt doch noch gewisse feine Grenzen, wo man einfach sagen muß: »Jetzt ist Schluß ...« Die Trennung ist schwer. Ich weiß, daß sie uns zuerst einander viel näher brachte, aber als wir nach Hause zurückkamen, nachdem wir drei Monate hier gewesen waren, brach alles zusammen, und seither ist es viel schwieriger gewesen.

Man wächst auf verschiedene Weise. Man hat zu verschiedenen Zeiten unterschiedliche Erwartungen. Nichts scheint zusammenzustimmen. Aber ...

Nein, ich wünschte, es gäbe einen vernünftigen Weg, und da ist natürlich die Gesellschaft, die dem Mann die traditionelle Rolle des Ernährers und der Frau diejenige der Kinderbetreuung zugeteilt hat. Aber ich wünschte, es gäbe einen vernünftigen Weg, um zu überprüfen, ob das wirklich die beste Methode ist. Klar, vom Standpunkt der medizinischen Behandlung ist es besser, ein Zentrum zu haben, als daß jeder in einem kleinen Ort eine Behandlung versucht, für die es nur in einem großen Klinikum qualifizierte Ärzte gibt, wo man alle technischen Vorteile wahrnehmen kann.

Aber ich wünschte, es gäbe eine Möglichkeit, daß Eltern abwechselnd bei ihren Kindern bleiben könnten. Manchmal geschieht das auch. Entweder die Mutter ist schwanger, oder sie wird krank, und der Vater kommt und betreut das Kind oder einer von den Großeltern. Dies ist nicht nur zur Entlastung der Mutter wertvoll, sondern auch deshalb, damit der Vater sich einsetzt, denn ich meine, daß viele Barrieren, ja sogar Meinungsverschiedenheiten über die Behandlung deshalb entstehen, weil es sehr schwer für einen Elternteil ist, eine vernünftige Entscheidung darüber zu treffen, was getan werden soll, wenn man nicht jeden Tag hier ist, jeden Tag die Belastung aushält und entsprechend reagiert. Und dann kommen noch so viele andere Dinge ins Spiel, wissen Sie, so viele Schuldgefühle und ähnliches.

Die Vorzüge der Pflege durch die Mutter sind zahlreich. Zu den wichtigsten gehört der, daß die Mutter bei ihrem Kind wohnen und ihm so viel ständige Fürsorge und Geborgenheit geben kann, als ob das Kind zu Hause wäre.

Zu den ungünstigen Auswirkungen der Mutterpflege zählt

jedoch, daß die Väter sich oft ausgeschlossen fühlen und die Belastung oft viel stärker empfinden als die Mütter. Je mehr ein Vater außerhalb der Situation steht, sei es aus beruflichen oder geographischen Gründen, oder wenn die Mutter ihn emotional ausschließt, desto eher wird ein Vater Eifersucht empfinden, sich bedroht fühlen und auf einen möglichen Tod sicher unvorbereitet sein. Die Geborgenheit, die Mutter und Kind in der Klinik erleben, erstreckt sich nicht unbedingt auf andere Familienmitglieder.

Auch die gesündesten Familien werden dadurch belastet. Wenn man dafür sorgt, daß die Familie als eine Einheit von Anfang an die ganze Erfahrung mitträgt, dann kann der Druck etwas gemildert werden. Doch auch im günstigsten Fall ist es ein schweres Problem.

Neue Methoden der Rehabilitation von Krebspatienten, die auch dem Konzept der Familienberatung Rechnung tragen, werden zur Zeit getestet. Ein Erwachsener, der amputiert wurde, kann die postoperative Phase in einem Rehabilitationszentrum anstatt in einer gewöhnlichen Krankenhausumgebung verbringen. Dort lernt er, den Alltag zu bewältigen und seine Prothese zu handhaben. Bevor er endgültig entlassen wird, kann er mit seiner Familie vorübergehend im Klinikbereich wohnen, damit die Familie sich in seiner neuen Verfassung neu aneinander gewöhnt. Dies ist eine Zeit der psychischen und physiologischen Akklimatisierung, ein Zuhause auf halber Strecke, wo die Geborgenheit der Klinik noch in der Nähe, das »Heim« jedoch nicht eine Krankenhausumgebung ist.

Psychologin: Um die Sorgen, die sich jede Familie macht, kommt man nicht herum, auch nicht um ihre Angst, ihre Depression, ihre Frustration und manchmal Verzweiflung.

Diese treten im Umgang mit den Patienten und ihren Familien immer auf. Und dazu noch spezifische Probleme mit Geschwistern. Ich meine wie Frau B., daß die Väter mehr einbezogen werden sollten.

Mutter: Man sieht jetzt mehr Väter auf der Station als im letzten Jahr.

Psychologin: Ja. Es sind die Väter von Jim, Carl und Freddie.

Mutter: Und mein Mann! Ich habe ihm gesagt, daß er nicht unbedingt herfliegen muß, solange Meredith nicht im Krankenhaus liegt. Wenn sie aber ins Krankenhaus mußte, war das die größte Hilfe. Natürlich war er auch in dem ersten Sommer, als Meredith krank wurde, viel hier. Aber außer ihm war nur noch ein Vater auf der Station, Toms Vater, und der wohnte hier in der Stadt. Jetzt kommt Crissys Vater jedes Wochenende, und der von Annie, wenn er kann oder wenn eine Entscheidung gefällt werden muß.

Psychologin: Die Väter kommen also am Wochenende. Ich glaube, daß die Männer mehr Verständnis gewinnen, wenn sie kommen, aber ich glaube nicht, daß das Wochenende eine gute Zeit dafür ist, weil die Klinik dann so gut wie zu ist. Die Leute, die unter der Woche hier sind, wissen, wie es wirklich zugeht. Der alltägliche Betrieb, das Warten. Am Wochenende müssen die Kinder nicht zur Behandlung. Die Väter erleben eine verhältnismäßig ruhige Zeit. Sie brauchen nicht, wie unter der Woche, von einem Ort zum anderen zu hetzen, während die Schwestern dies und das verrichten und Blutkulturen angesetzt werden. Wenn der Vater miteinbezogen ist, fällt es ihm viel leichter, den Tod anzunehmen, wenn das Kind stirbt.

Mutter: Jack hat damit Schwierigkeiten gehabt. Als seine Frau gestern hereinkam, sagte sie: »Das ist das Ende. Es ist alles vorbei.« Und er war darauf nicht vorbereitet. Man sieht also intelligente Leute, die sehr viel hier sind wie Jack, die so nahe dran sind und alles miterleben, und auf einmal kann er es nicht glauben. Dann kam Frau Dr. C. heute morgen herein und erklärte es ihm und alles, was geschah. Mary hat ihm dasselbe gesagt, aber er mußte es von Frau Dr. C. hören, weil sie die Ärztin ist. In gewissem Sinn hatte mein Mann das gleiche Problem.

Manchmal kann man diesen ganzen Mist kaum noch ertragen, und ich sage das lediglich vom Standpunkt einer frustrierten Mutter, die das lange Zeit mitgemacht hat, und es tut mir leid, daß es so ist. Daran gehen viele Familien kaputt. Man kann nur ein bestimmtes Maß an Leiden ertragen, und es hat kein Ende, kein gutes Ende, kein absehbares, definitives Ende, dieser Jammer... Ich kenne keine Mutter hier oben, die nicht irgendwann einmal gesagt hat: »Geht alle weg, laßt mich allein, ich will allein damit fertig werden.« Dann werden die Väter weggeschickt, und das halte ich für eines der traurigsten Dinge auf dieser Station, daß die Väter abgeschoben werden. Auch andere Familienmitglieder werden abgeschoben.

Manchmal ist ein Punkt erreicht, wo man einfach weitermachen muß, damit man sich irgendwie über Wasser hält. Da ist dann kein Platz für andere Menschen. Und ich glaube, das ist ein Grund, warum Väter besonders am Ende eine so schwere Zeit durchmachen. Weil plötzlich alles zu Ende ist. Wir müssen hierherkommen und werden in das Geschehen einbezogen, und sie sagen: »Ich verstehe nicht...«

Psychologin: Wer zieht das Kind auf? Die Mutter.

Mutter: Der Vater ist doch auch daran beteiligt.

Psychologin: Ja, aber im Grunde ist es doch die Mutter. Mit wem verbringt das Kind während der ersten fünf Lebensjahre die meiste Zeit? Mit der Mutter.

Mutter: Ich weiß nicht. Bei uns war es so, daß mein Mann immer viel Zeit mit den Kindern verbracht hat. Ich war abends immer außer Haus. Da konnte ich weggehen. Während des Tages blieb ich zu Hause. Er blieb am Abend da, während ich meine Kurse besuchte. Ich muß also in unserem Fall sagen, daß mein Mann sich immer sehr eingesetzt hat. Ich weiß, daß nicht alle Väter so sind.

Psychologin: Aber die meisten Väter beteiligen sich nicht aktiv an der Pflege, am Füttern, am Windelwechseln. Ich glaube, daß sich das jetzt alles verändert, die Rolle von Vater und Mutter, im Sinne von: gleiche Pflichten für beide. Die Zeit im Krankenhaus sollte die Familie zusammen verbringen, damit der Vater sich in die Vorgänge einbezogen fühlt. Aber so oft werden die Väter ausgeschlossen, weil sie es nicht anders wollen. Das ist leichter. Sie sagen: Okay, ich bezahle die Krankenhausrechnungen, und du bleibst bei dem Kind.

Mutter: Viele schützen ihren Beruf als Ausrede vor.

Psychologin: Ganz richtig. Sie sagen: »Wir müssen doch leben. Ich kann nicht immer herkommen. Ich muß arbeiten.« Und das stimmt auch, aber sie sollten imstande sein, einen Teil der Verantwortung und Frustration auf sich zu nehmen. In deinem Fall ist Jerry, dein Mann, hergekommen, wie du sagtest, und das war gut und hat euch beiden Zeit miteinander gegeben, und Jerry konnte bei Meredith sein, aber trotz allem wußte Jerry, daß er am Sonntag wieder nach Hause fliegen und in seine Tretmühle zurückkehren und normal leben würde. Darum meine ich, daß er das Wochenende leichter durchstehen konnte.

Ein Beweis dafür war wohl das Wochenende, als du aufgestanden bist und gesagt hast: »Also gut, Jerry, jetzt kümmere du dich um Meredith, um die Bettschüssel, die Probleme, um alle ihre Beschwerden.« Und da begriff Jerry, was du während der Woche durchmachst. Weil er dich nicht zur Hand hatte, wie es sonst am Wochenende der Fall war. Er konnte nicht sagen: »Bitte, bring du ihr die Bettschüssel, ich möchte eine Zigarette rauchen.« Es ist leicht, sich eine Stunde um das Kind zu kümmern, während du die Wäsche machst, aber wie ist es, wenn sie fünfzigmal in der Nacht wach wird und alle zehn Minuten die Bettschüssel braucht? Er wurde sich der Dinge mehr bewußt. Und an dem Sonntag wollte er wegfahren. Ich meine, ich sagte: »Jerry, willst du um sieben Uhr wegfahren?« Und er antwortete: »Nein, ich glaube, es ist besser, wenn ich mit der Maschine um drei Uhr fliege!« Er hatte genug. Und er sagte: »Wenn ich die Bettschüssel zur Toilette trage, muß ich mich den ganzen Weg bis dorthin fast übergeben.«

Die Väter kommen also, wenn nicht so viel Betrieb ist. Und sie wissen nicht, wie es ist, wenn sie nicht selbst einmal hierbleiben müssen.

Psychologin: Manche Kinder reagieren sehr emotional. Andere verhalten sich sehr abweisend. Es gibt Eltern, die dem Kind das Gefühl geben, als wäre es schuld an allem.

Johns Mutter ist ein Beispiel dafür. Sie verletzte die Gefühle ihres Jungen (er war amputiert worden) sehr schwer, als er in einem sehr sensiblen Alter (dreizehn) war. Abgesehen davon, daß er körperlich nicht mehr so war wie andere Jungen, sagte sie ihm ständig, was für ein Versager er war. Da rebellierte er gegen das Personal, überhaupt gegen alle Menschen. Und es brauchte eine lange Zeit Arbeit, bis er das überwand, was seine Eltern ihm eingetrichtert hatten – daß er anders war und sterben mußte und daß er ihre Zeit verschwendete, wenn er das Ende hinauszögerte. Du meinst vielleicht, daß eine solche Haltung in dieser Situation unmöglich vorkommen kann, aber sie kommt vor.

Manche Eltern haben neben der Krankheit des Kindes noch andere Sorgen. Die Krankheit kompliziert alles noch, und die Eltern ziehen sich zurück. Dann zieht sich auch das Kind zurück.

Manchmal findet man Mütter, die vor allem einen Menschen brauchen, an den sie sich anlehnen können, der an dem Geschehen Anteil nimmt. Ich halte das für den größten Mangel auf dieser Station, daß es niemanden gibt, bei dem man sich aussprechen kann. Hier gibt es nur die Seelsorger, die die Hände ringen und nach Worten suchen; dann das Personal, überlastet, zu beschäftigt, um mit einem zu reden, und die Sozialarbeiter, die auch nicht mehr tun können, als in ihren Kräften steht. Die Mütter auf der Station verbindet ihr gemeinsames Schicksal, und trotzdem suchen sie alle nach einem Menschen außerhalb der Station, mit dem sie sich aussprechen können. Sogar Bobs Mutter brauchte jemanden, mit dem sie hätte reden können, der ihr geholfen hätte, das zu verstehen, was die Ärzte ihr sagten, der ihr geholfen hätte, Entscheidungen zu treffen und die Tatsache anzunehmen, daß Bob sterben würde.

Viele Mütter brauchen sehr viel Liebe. Ich will sagen, alle Mütter lieben ihre Kinder, aber die Liebe, die man hier im Krankenhaus findet, die Innigkeit, die Zuwendung, die die Mütter ihren Kindern geben, das ist etwas Besonderes und Schönes. Die Mütter wenden sich intensiv den Kindern zu und die Kinder ihren Müttern.

Risiken und Entscheidungen gehören zum täglichen Kampf in der Pflege eines Kindes, das eine schwere Krankheit hat wie zum Beispiel Krebs. Dabei kann es um kleinere Entscheidungen gehen, etwa um die Frage, ob das Blutbild gut genug ist, um das Kind einer Menschenmenge oder einer möglichen Verletzung auf dem Spielplatz aussetzen zu können.

Es gibt aber auch gewichtigere Probleme, wie wenn die Entscheidung zu treffen ist, ob die Behandlung an einem bestimmten Punkt abgebrochen werden soll oder nicht, wenn kaum mehr Hoffnung besteht und die Nebenwirkungen der Therapie schlimmer erscheinen als der Tod.

Im Rahmen der Elternpflege beteiligt sich die Mutter, manchmal auch das Kind, oft in irgendeiner Form an der Entscheidung. Natürlich sind manche Mütter besser in der Lage als andere, die technischen Voraussetzungen zu verstehen, und manche können besser Entscheidungen treffen als andere. Das System ist nicht perfekt. Aber ein sehr tröstlicher Rückhalt für die Eltern ist der, daß Information und Verständnishilfe zur Verfügung stehen, auch wenn Ärzte gelegentlich daran erinnert werden müssen, sie zu geben.

Mutter: Risiken... Ich erinnere mich, daß Meredith über Weihnachten wieder Medikamente bekam, die ihr noch nie gutgetan hatten. Ich war wütend. Ich kochte einfach! Das Kind hat ein schlechtes Rückenmark, und das wird sich nicht bessern, meinte ich, wenn man ihr etwas gibt, das sich schon früher als wirkungslos erwiesen hat. Jedenfalls nicht zum jetzigen Zeitpunkt. Und ich weiß noch, wie vernachlässigt und verlassen ich mir vorkam. Ich hatte um eine

Besprechung gebeten. Ich hatte der Ärztin beinahe die Türe eingerannt. Ich hatte sie zweimal während der Visite angesprochen, ich habe es Ihnen gesagt, ich redete mit einer Reihe von Leuten in höheren Positionen; jedem, den ich nur irgendwie festnageln konnte, sagte ich, daß ich mit den Ärzten reden wollte.

Und ich weiß, daß Frau Dr. S. sich überlegte, was jetzt zu tun sei. Denn ich bin sicher, daß sie wußte, was ich sagen würde. Ich war nicht gerade die einfachste Mutter. Aber es stand für mich außer Frage, daß es so nicht weitergehen konnte. Und ich sagte ihr, daß mein Mann und ich einer Meinung waren: Versuchen wir doch etwas Aggressives, und wenn wir an den Punkt kommen, wo wir nichts mehr versuchen können, dann will ich nicht, daß Meredith das durchmacht. Ich sehe ein, daß alle so reden. Man verläßt das Krankenhaus und sagt: »Dann werden wir eben mit Würde sterben. Wir schaffen das schon«, und beim ersten Fieber kommt man wieder in die Klinik gelaufen, voller Schuldgefühle und schlechtem Gewissen. Ich war froh, daß wir diese Prozedur nicht durchmachen mußten.

Wir entschieden uns für eine aggressive Therapie. Aber ich hatte der Ärztin genau gesagt, was ich wollte. Ich weiß nicht, was geschehen wäre, wenn ich es nicht getan hätte, aber ich glaube nicht, daß sie ihr dann die aggressive Therapie gegeben hätte. Ich bedaure meine Entscheidung nicht.

Beraterin: Oh nein.

Mutter: Niemals.

Beraterin: Kürzlich nahm ich an einem Seminar über Persönlichkeitsentwicklung teil. Alle Frauen in der Gruppe wollten über die Frage sprechen, ob man das Recht hat, eine Abtreibung vornehmen zu lassen, und alle Männer wollten

118

die Frage von einem theoretischen oder philosophischen Standpunkt behandeln. Wir sagten, daß das Frauen nicht hilft, daß sie damit wieder den Schwarzen Peter zugeschoben bekämen.

Aber jetzt geht es um ein Problem, das vorige Woche aufgetaucht ist. Ich sprach mit einem Arzt, der nicht Pädiater ist, über ein Kind, dessen Mutter die Behandlung verweigert hat. Und die Kinderfürsorgerin erklärte mir, daß die Fürsorge ein gerichtliches Urteil über diesen Fall beantragen wollte. Der Arzt war wütend, daß die Fürsorgerin ihn um Informationen gebeten hatte, und er sagte, daß wir das nicht forcieren sollen. Ich sagte ihm, daß wir gar nichts forcieren. Das ist nicht unsere Aufgabe. Aber wenn wir von der Behandlung eines Kindes überzeugt sind, müssen wir die entsprechenden Informationen den Leuten geben, deren Aufgabe es ist, zu Gericht zu gehen.

Der Arzt meinte, daß Eltern das Recht haben, eine Therapie zu verweigern. Ich dachte: Haben sie das wirklich? In manchen Fällen denkt man bei Gericht offensichtlich anders. Transfusionen und ähnliches werden nämlich manchmal gerichtlich verordnet, auch wenn das gegen die religiösen Überzeugungen der Eltern verstößt, und diese gehören ja zu den heiligsten Dingen der amerikanischen Verfassung, unseres ganzen Rechtssystems.

Hat ein Mensch das Recht, ungeborenes Leben zu zerstören, hat man das Recht – na ja, nicht gerade das Leben eines Kindes zu zerstören, aber bewußt eine Therapie zu verweigern, wenn Aussicht besteht, daß diese Behandlung einen gewissen Erfolg hat? Ich spreche nicht vom Endstadium, in dem die meisten Ärzte den Eltern oder anderen Familienmitgliedern die Entscheidung überlassen ...

Mutter: Wann man mit einer Behandlung aufhören soll?

Beraterin: Ja, wann man aufhören soll, aber das ist eine sehr heikle, zwiespältige Frage. Sie ist sehr heikel. Es hängt dabei so viel von dem individuellen Arzt und seiner Einstellung ab und von den individuellen Eltern. Aber ich spreche von der bewußten Wahl, gar keine Behandlung zuzulassen. Es handelte sich um eine Röntgenbestrahlung.

Mutter: Ich meine, man könnte argumentieren, daß es ein Endstadium war. Das klingt sehr akademisch, aber ich weiß, was Sie meinen. Doch vom gesetzlichen Standpunkt gibt es dieses Argument, die Tatsache, daß dieser Zustand nun einmal so ist, daß er genauso ein Endstadium ist, als wenn man alles nur Mögliche versucht hätte und dann trotzdem im Endstadium angelangt wäre. Es ist ja nur eine Frage der Zeit.

Beraterin: Nein, das meine ich nicht.

Mutter: Warum, weil Sie glauben, daß es immer noch eine Hoffnung gibt?

Beraterin: Ja, das glaube ich.

Mutter: Was meine eigene Situation betrifft, bin ich eher Ihrer Meinung, aber ich kann mir auch eine andere vorstellen – so war meine erste Reaktion, als Meredith krank wurde: Lieber Gott, wenn sie sterben muß, laß es schnell geschehen! Und dann ist es natürlich so, je länger man in der Situation drin ist, desto länger hält man durch und hofft und desto mehr verleugnet man ...

Beraterin: Natürlich.

Mutter: Und desto mehr sagt man sich: Das geschieht uns gar nicht wirklich. Es wird schon alles gut werden. Wir werden es bestimmt schaffen und irgendwie überleben. Und natürlich ist das meistens nicht der Fall.

Beraterin: Damit wollen Sie also sagen, daß es vielleicht ein echtes Argument gibt, auf jede Therapie zu verzichten?

Mutter: In einem sehr abstrakten Sinn, ja. Aber weil ich starke ethische Überzeugungen bezüglich dieser Dinge habe, ist es nur ein abstraktes Argument, und trotzdem glaube ich, daß es relevant ist.

Beraterin: Für mich war das immer etwas, das die Pädiatrie sehr kompliziert hat. Ich war immer fest davon überzeugt, zum Beispiel im Fall einer Amputation, daß ich durchaus in der Lage wäre, selbst zu entscheiden, ob eine Behandlung oder eine Amputation stattfinden soll oder nicht. Bei jeder Art von Verstümmelung.

Aber einer anderen Person vorzugreifen, über ihr Kind zu entscheiden, das ist eine andere Sache. Denn ich meine, daß die Menschen ein Recht haben, selbst die Entscheidung zu treffen. Ich bin mir nicht sicher, ob ich zum Beispiel das Recht habe, zu entscheiden, ob mein Mann behandelt werden soll. Oder mein Kind. Natürlich kann man einem Kind im Alter von Meredith nicht zumuten, eine Entscheidung zu treffen. Und kein Kind, das bei Verstand ist, möchte in ein solches Dilemma kommen, und sicher möchte es nicht, daß ihm ein Bein abgeschnitten wird.

Ich könnte gut verstehen, wenn irgendwer sagte: Nachdem mir alle Fakten erklärt worden sind, wähle ich ... Wenn ich ein Knochensarkom hätte, würde ich wahrscheinlich keine Amputation machen lassen. Aber ich würde höchstwahrscheinlich meine Kinder amputieren lassen, wenn eines von ihnen das Sarkom hätte. Und das klingt vermutlich total verrückt.

Aber ich würde so sehr hoffen, daß mein Kind zu den zehn Prozent gehörte, die durchkommen – irgendwie bekomme ich nie eines zu sehen, das überlebt –, und es ist eine so grauenhafte Art zu sterben, nachdem man erst verstümmelt worden ist. Ich glaube, daß ich nach dem, was ich jetzt weiß, lieber sterben würde. Und trotzdem glaube ich nicht, daß ich imstande wäre, meinem Kind eine Chance zu verweigern, wenn es noch eine gäbe. Können Sie das nachvollziehen?

Mutter: Ich kann Sie ja verstehen, aber es ist inkonsequent.

Beraterin: Sicher. Wer hat denn überhaupt das Recht, über das Leben eines anderen Menschen zu entscheiden?

Mutter: Und man kann auch anders herum argumentieren und sagen: Ich will das nicht durchmachen, aber meinem Kind mute ich es zu. Und ich glaube, daß alle Eltern diese gleiche Angst haben.

Wissen Sie, ich war froh... Die Leute wunderten sich über unsere Reaktion auf Merediths Tod. Ich mußte mit brutaler Ehrlichkeit sagen, daß ich froh war über diesen Ausgang. Ich war froh, daß es so schnell ging. Ich war froh, daß ich keine schweren Entscheidungen treffen mußte.

Der einzige Mensch, der mich deswegen ansprach, war nicht einer aus der Klinik, sondern mein Vater, der Arzt ist. Am letzten Abend kam er zu mir. Wir waren so gut wie sicher, daß es an diesem Abend zu Ende gehen würde. Er fragte: »Willst du, daß außergewöhnliche Mittel eingesetzt werden?« Ich sagte: »Wie meinst du das?« Er antwortete: »Als Wiederbelebungsmittel...« Und ich sagte: »Nein!« Er war erleichtert, aber er wollte, daß wir es aussprachen. Nachdem wir das vorläufige Ergebnis der Autopsie erhalten hatten, waren wir sehr froh, daß wir es nicht versucht hatten.

Aber ich bin mir nicht sicher. Wahrscheinlich haben Eltern verschiedene Auffassungen über den Abbruch einer Behandlung. Mir wäre es schwergefallen. Ich dachte mir immer, wieviel Hilfe ich wohl bekommen würde, wenn ich zu einem bestimmten Zeitpunkt zu einem Arzt ginge und fragte: »Was soll ich jetzt tun?« Würde er mir sagen: Also, vom fachlichen Standpunkt können wir dieses oder jenes unternehmen, und die nach der Statistik zu erwartenden Ergebnisse sind die folgenden? Also, das ist reiner Quatsch. Das besagt wirklich überhaupt nichts.

Und in welcher Weise hilft das Personal hier den Eltern, Werturteile auf einem Gebiet zu treffen, auf dem ihnen (den Eltern) das technische Wissen fehlt? Wie machen sie das? Wieviel Hilfe geben sie? Was tun Sie? Ich könnte mir denken, daß dies eine der schwierigsten Aufgaben in diesem Beruf ist.

Beraterin: Das stimmt. Weil das Personal in vieler Hinsicht natürlich genausowenig über ein bestimmtes Kind aussagen kann wie die Mutter. Im besten Fall können auch die Klinikangehörigen aufgrund ihrer Informationen nur raten. Ich habe nämlich oft genug an Beratungen teilgenommen, und ich weiß, daß die Mediziner sagen würden: Dieses Kind schafft es nicht, und ein anderes schafft es ein bißchen länger. Nach meiner Ansicht heißt das aber nicht, daß sie wirklich überleben.

Natürlich hängt es sehr davon ab, mit wem man spricht. Ich habe verschiedene Ärzte gekannt, die eine echte Hilfe waren, und ich kannte einen, der den Eltern sogar riet, die Behandlung abzubrechen. Ich kenne andere, die wiederbeleben, und das übrige Personal sagt: »Um Himmels willen, wozu?«

Aber das hat wieder mit den Werturteilen eines Individuums zu tun. Es hat auch Situationen gegeben, wo die Entscheidung, nichts mehr zu unternehmen, vom ganzen therapeutischen Team gefällt wurde: Wir machen jetzt nicht mehr weiter, weil dieses Kind wirklich keine Reserven mehr hat.

Mutter: Sprechen sie manchmal mit den Eltern darüber, oder hören sie einfach auf, Dinge zur unnötigen Verlängerung ... ?

Beraterin: Oft hören sie einfach so auf. Und ich habe den Eltern oft geraten, daß sie die Ärzte darauf ansprechen. Das hängt aber vom einzelnen Menschen ab. Manche Eltern gehen hin. Manche Eltern vermeiden ein Gespräch.

Sprechen über den Tod

Beraterin: So viele Mütter fragen: »Was mache ich, wenn ich hier allein bin und es passiert etwas?« Dann habe ich die Möglichkeit, darüber zu reden. Ich meine nämlich, daß es nicht wirklich möglich ist, mit jemandem darüber zu reden, wenn der Betreffende nicht selbst die Initiative ergreift. Solange die Patienten nicht bereit sind, selbst davon zu sprechen, verdrängen sie es nur.

Mutter: Ich glaube, das ist ein guter Weg. Ich hatte... Sie wissen, wie offen ich manchmal über Meredith und ihren Tod spreche. Insbesondere mit einigen Müttern auf der Station. Vor allem habe ich mit Mary über vieles gesprochen und über viele Dinge Klarheit bekommen, und auch bei den anderen Müttern habe ich viel Hilfe gefunden.

Was ich aber sagen wollte, war, daß ich ihr einen Artikel schickte, vielleicht habe ich ihn auch Ihnen geschickt... »Geh für mich in die Welt« (die Geschichte eines Jungen, der Leukämie hatte). Mir gefiel diese Geschichte unheimlich gut. Es war natürlich etwas riskant, sie ihr zu schicken, aber sie gefiel ihr auch sehr. Verschiedene Leute hier oben (Pädiater) lasen sie und gaben sie weiter. Offenbar hat eine der Krankenschwestern Mary gesagt, daß sie sie einer anderen Mutter zu lesen geben sollte. Ich weiß nicht mehr, wer das war. Und sie fragte: »Ist das nicht schön?« Aber die andere Mutter antwortete: »Das ist das Scheußlichste, was ich in meinem ganzen Leben je gelesen habe.« Sie war noch nicht bereit, darüber zu sprechen.

Beraterin: Ja, das ist es.

Mutter: Man weiß nie, wann bei einem Menschen der Zeitpunkt gekommen ist, wo man über solche Dinge reden kann.

In den meisten Fällen war es wesentlich schwerer, mit den Ärzten über den Tod zu sprechen als mit den anderen Eltern. Es gibt einige Untersuchungen, aus denen hervorgeht, daß Ärzte die Medizin als Beruf wählen, weil sie eine ungewöhnliche Angst vor dem Tod haben. Und die Aufgabe der Medizin ist es, den Tod zu besiegen.

Während des Verlaufs von Merediths und meiner eigenen Krankheit trafen wir eine Reihe von Ärzten, von denen jeder eine andere Art hatte, mit der Bedrohung durch den Tod umzugehen. Ein Arzt, den ich sehr schätze und der uns wahrscheinlich mehr als irgendein anderer die Kraft und die Fähigkeit gab, uns offen mit Merediths Leukämie auseinanderzusetzen, war derjenige, der vermutlich am wenigsten imstande war, mit der Wirklichkeit des Todes fertig zu werden.

Eine junge Assistenzärztin war mir von allen die größte Hilfe. Sie war nicht so draufgängerisch wie der vorhin erwähnte Arzt, aber sie machte uns konsequent und mit Nachdruck darauf aufmerksam, wenn sie der Ansicht war, daß wir etwas Definitives tun sollten.

Sie war es, die mich überzeugte, daß es richtig war, Meredith über ihre Krankheit aufzuklären. Später half sie uns, die am wenigsten bedrohliche Gelegenheit zu ergreifen, um Meredith den Tod eines ihrer kleinen Freunde mitzuteilen. Sie erkannte auch immer, wann wir das Bedürfnis hatten, emotionalen Dampf abzulassen. Sie stand uns immer für ein Gespräch zur Verfügung, auch wenn sie nicht immer einen Ausweg wußte.

Eine andere Ärztin in Texas, die wir besonders gern mochten, ging wunderbar auf uns ein, aber nur, wenn wir sie aufsuchten und unser Anliegen in aller Form präsentierten. Wieder einer anderen Ärztin dagegen schien es Freude zu machen, den Eltern schlechte Nachrichten zu vermitteln. Zu uns war sie immer sehr nett gewesen, und ich verstand gar nicht warum, weil ich gesehen hatte, daß sie zu anderen direkt brutal war. Und ich dachte immer, daß wir als nächste drankämen. Aber das geschah nicht.

Mein eigener Arzt, der so hypersensibel auf das Geringste reagiert, was sich in seiner Umgebung abspielt, hat Widerstände, wenn der Tod erwähnt wird. Als ich im Krankenhaus lag und mein Zimmer voll Blumen war, bemerkte ich im Scherz, daß es aussah, als wäre ich bereits gestorben. Sein Gesicht wurde sehr ernst, und er sagte: »Aber nein! Blumen sind ein Zeichen des Lebens.« Später ließ er noch ähnliche Bemerkungen fallen.

Als ich ein anderes Mal von multipler Sklerose als einer tödlichen Krankheit sprach, gab er mir zu verstehen, daß er dieses Urteil nicht für richtig halte. »Potentiell tödlich?« fragte ich ihn. »Nein.« »Potentiell behindernd?« »Na schön«, sagte er.

Vielleicht erwarten wir als Patienten zu viel von den Ärzten. Wir machen sie zu Göttern und erwarten von ihnen, daß sie jedes Wehwehchen erkennen und heilen können. Dabei räumen wir dem Irrtum nur wenig und der Vergebung so gut wie gar keinen Platz ein. Ich erkenne meine eigene Ungeduld in den folgenden Kommentaren. Im Rückblick kommen sie mir etwas hart vor, aber sie drücken meine ehrlichen

Gefühle sechs Wochen nach Merediths Tod aus. Ich möchte gleich hinzufügen, daß ich alle erwähnten Ärzte sehr schätze, obwohl mein kritisches Auge damals nur darauf gerichtet war, wie sie mit dem Tod umgingen. Jetzt bin ich bereit, jedes menschliche Versagen eines Arztes zu akzeptieren, außer der Weigerung, überhaupt etwas zu sagen, und außer einem regelrechten Betrug.

Beraterin: Speziell Frau Dr. S. bekommt viele Anhaltspunkte von den Eltern. Ich meine nicht, daß sie nicht weiß, was vom medizinischen Standpunkt das Beste ist, es ist mehr eine Frage ihrer Persönlichkeit ... wenn sie weiß, daß Eltern wirklich eine starke Überzeugung haben. So hat sie zum Beispiel nichts dagegen, wenn jemand nach Hause will. Viel weniger als, sagen wir, Herr Dr. W. Auf eine ganz andere Art.
Mutter: Ich habe Herrn Dr. W. wirklich sehr gern, aber ich glaube, er hatte eine rasende Angst vor dem Tod. Er schrie es mir geradezu ins Gesicht: »Ich habe Angst!«
Beraterin: Ja, das stimmt. Und er konnte einfach nicht aufgeben! Auch dann nicht, als wir übrigen keinen Sinn mehr darin sahen. Sogar dann, als die Leute ihn wirklich baten, sie doch sterben zu lassen. In so vielen Fällen ist es mir klar, oder es kommt mir so vor, daß die Menschen wirklich bereit sind. Sie sind jetzt bereit, ihr Kind sterben zu lassen. Das Kind ist bereit. Und ich meine, daß es nur eine unnötige Qual für alle ist, wenn man an diesem Punkt das Leben gewaltsam verlängert.
Das war es, was mir persönlich immer solche Schwierigkeiten machte. Denn es gab so vieles in seiner Einstellung zur ärztlichen Fürsorge, womit ich einverstanden war.
Mutter: Ja, ich auch.
Beraterin: Das weiß ich. Aber es war dieser Faktor, diese

Unfähigkeit, die Tatsache zuzulassen, daß dieses Kind sterben wird, die in meinen Augen die menschliche Nähe blockierte, die sich einstellen kann, wenn man den Verlust als eine Möglichkeit wirklich zuläßt. Und wenn man sagt: »Ich will nicht und kann nicht!«, dann will man einfach nicht wahrhaben, was los ist, wie Sie vorhin gesagt haben. Daran ist nichts Positives.

Mutter: Das meine ich auch. Sie wissen, ich habe seine Klinik gesehen. Sie ist sehr schön. Und damals dachte ich mir, ich wünschte, ich hätte sie nicht gesehen. Ich dachte daran, daß ich eine Entscheidung treffen mußte. Als wir nach Hause zurückkehrten und Meredith ein paar Tage später einen Rückfall bekam, sagte ich mir: »Du mußt diese Entscheidung jetzt treffen.« Und wir entschlossen uns, hierher nach Houston zurückzukehren. Teilweise deshalb, glaube ich, weil ich dem Einfluß von Dr. W.s Persönlichkeit, den ich ja mochte, widerstehen wollte. Mir gefiel die Klinik sehr. Sie ist schön, aber ich dachte mir: Wenn ich mir die Sache richtig überlege, was wird mit Meredith geschehen? Und ich meinte, daß sie hier besser aufgehoben wäre. *Ich* wäre aber besser *dort* aufgehoben! Daß ich mir diese Dinge überlegte, machte sehr viel aus. Und das soll nicht heißen, daß ich ihm etwas Schlechtes nachsagen möchte, weil er da wirklich etwas Schönes aufgebaut hat. Und es wird noch besser werden. Möglicherweise überflügelt er euch bald. Aber damals dachte ich eben so.

Als wir zum ersten Mal nach Houston kamen, war er gerade in einer Besprechung, und eine Familie war da, die mir immer sagte: »Warten Sie nur, bis Sie Dr. W. kennenlernen, er hat eine so großartige, positive Einstellung.« Und so weiter. »Er richtet einen auf.« Das tat er auch. Nachdem ich mit ihm gesprochen hatte, fühlte ich mich glänzend. Aber fünf

Minuten später hättest du mich vom Boden aufwischen können. Und ich dachte: Das ist Quatsch, das ist zu neunzig Prozent Quatsch.

Beraterin: Ja, das stimmt.

Mutter: Und ich habe so oft gehört, wie er in einer sehr kritischen Situation sagte – er besprach diese Dinge nämlich immer gleich am Krankenbett…

Beraterin: Ja, ja.

Mutter: Ich meine, es gab da einen großen Widerspruch in seiner Persönlichkeit. Er hat Angst davor zuzugeben, daß dieses Kind sterben wird, aber er stellt sich ans Bett und bespricht jede greuliche Einzelheit.

Beraterin: Alles! Als ob das ganze Bild…

Mutter: Als ob alles wieder gut werden würde. Und ich habe ihn oft sagen hören: »Gut, wenn das nicht hilft, dann probieren wir etwas anderes.« Das sagt er immer.

Beraterin: Sicher.

Mutter: Und ich weiß von einer Situation knapp vor dem Tod, an dem Tag, an dem die Eltern dem Kind keine Medikamente mehr geben ließen, als keine, absolut keine Hoffnung mehr bestand, da kam er einfach herein und sagte: »Ich muß jetzt in eine Besprechung. Sie sind vielleicht noch hier, wenn ich zurückkomme oder vielleicht auch nicht.« Und dann ging er hinaus. Und ich dachte: Wie kann er sie nur so im Stich lassen! Ich meine, damit hat er ihnen nicht gerade geholfen, wenn man an die früheren Versprechungen denkt. Verstehen Sie mich?

Beraterin: Ja.

Mutter: Und als ich zu Frau Dr. S. kam, zu der letzten Beratung, sagte ich: »Wir wollen Bescheid wissen. Wie stehen die Dinge wirklich?« Und sie sagte: »Nicht besonders, aber sie sind noch nicht ganz hoffnungslos.« Und sie gab mir eine Wahl. Dr. W. dagegen sagte immer: »Dann versuchen wir eben etwas anderes.« Frau Dr. ... ich habe sie oft wegen ihrer Distanz kritisiert, aber wir können gut miteinander. Mit dieser Frau kann ich mich wirklich gut verständigen. Es ist nur so schwer, zu ihr vorzudringen. Ich weiß wirklich nicht, wie sie das alles schafft, was sie schafft.

Beraterin: Es handelt sich nicht nur darum, zu ihr vorzudringen, sondern auch zu ihr durchzudringen, sie dazu zu kriegen, daß sie einem wirklich zuhört. Wenn einem das gelingt ... dann reagiert sie auch meistens. Aber sie hat, wahrscheinlich aus vielen Gründen, eine manchmal fast undurchdringliche Mauer um sich aufgebaut. Wenn man nicht wirklich beharrlich ist, werden Eltern oft völlig entmutigt. Wenn sie nicht auftaut und keine Informationen rausläßt, geben sie es einfach auf. Ich persönlich kann mir das nicht vorstellen. Was würden Sie tun? Ich würde ihr einfach die Tür einrennen. Ich will Bescheid wissen. Und sie wollte wirklich dieses Gespräch mit Ihnen, aber sie macht es eben so und zögert manchmal, was ich für klug halte, und vielleicht war sie immer schon so. Allerdings kannte ich sie nur während der Zeit, als Dr. W. hier war, aber ich meine, weil er so sehr in die andere Richtung tendierte, wurde ihr Widerstand dagegen aktiviert, den Leuten falschen Mut zu machen. Und weil sie einem keine schlechte Nachricht geben will, sagt sie manchmal gar nichts. Und dann hängt man in der Luft und fragt sich: Mein Gott, was ist hier wirklich los?

Mutter: Diese Dinge machen auf der Station viel böses Blut.

Beraterin: Natürlich.

Mutter: Weniger bei den neuen Eltern. Die wissen noch nicht Bescheid. Wenn die alten Eltern weggehen und die neuen kommen, gibt es nicht so viele Beschwerden. Aber, du lieber Gott, Sie hätten hören sollen, wie wir letzten Herbst geschimpft haben, als einige von uns wiederkamen, die schon früher hier gewesen sind. Wir waren wütend!

Beraterin: Klar.

Mutter: Richtig wütend!

Beraterin: Natürlich kann ich mich auch in die Ärzte hineinversetzen. Sie werden dazu ausgebildet, den Tod zu besiegen. Und unglücklicherweise sind einige unter ihnen wie Dr. W., die nicht lernen wollen. Und manchmal habe ich selbst so ein Gefühl, und das klingt richtig blöd. Ich sehe, wie ein Kind in die Klinik kommt, und ich werde so wütend! Als wenn ich auf die Krankheit selbst eine Wut hätte. Man nimmt es ja immer als eine Niederlage, wenn ein Kind stirbt, und man empfindet einfach den Verlust.

An Merediths letztem Lebenstag wurden die Ärzte sogar noch aufmerksamer.

Mutter: Als Meredith an dem Morgen ins Koma kam, war ich mir dessen gar nicht ganz bewußt. Ich meine, ich habe es schon gewußt, aber nicht wirklich, und als die Ärzte an dem Morgen ihre Visite machten, war es nur allzu deutlich... Sie gingen geradewegs an das Ende des Korridors, ohne sich um uns zu kümmern, und kamen im Zickzack zurück, und das ist nicht ihre normale Route. Es war eine ganze Gruppe.

Und Frau B. weinte und sagte: »Es tut mir so leid«, und legte ihren Arm um mich. Ich kann gar nicht mehr glauben, wie gefaßt ich damals war, aber ich sagte nur: »Ich will nicht, daß sie noch länger Schmerzen hat.«

Und die Stationsschwester weinte und ging hinaus. Und Dr. S. erklärte uns den medizinischen Verlauf. Und bis zum

Abend wurde uns nichts mehr gesagt. Dann kam Dr. M. her-ein und fragte, wie lange sie schon im Koma lag. Ich sagte: »Seit heute morgen.« Und sie hatte diesmal keine Unglücks-botschaft wie sonst. Sie drehte sich um und ging hinaus. Zu Schwester B. sagte sie... hast du das nicht mitgekriegt? Sie sagte: »Das ist das Ende. Heute abend ist es soweit.« Mein Vater sagte dasselbe.

Psychologin: Ja. Ich ging auf den Flur hinaus, und draußen waren B. und Y. (Schwestern), aber Dr. M. faßte mich am Kragen meiner Jacke und war gar nicht diplomatisch und fragte mich, wohin ich gehe, und bat mich, nicht fortzuge-hen, weil Meredith heute abend sterben würde. Und dann kamen sofort B. und Y. zu mir und sagten, daß Dr. M. sich schon manchmal geirrt hatte.

Damals ersuchte Dr. M. mich, es dir zu sagen, und ich bat dich, auf die Hintertreppe zu kommen (der einzige Ort im ganzen Haus, wo man ein privates Gespräch führen kann).

Mutter: Sie sagte, daß du es mir sagen sollst? Warum hat sie es mir nicht selbst gesagt? Bei anderen hat sie sich gewiß nie davor gescheut.

Psychologin: Ich weiß nicht.

Mutter: Sie hat manchen Müttern ziemlich harte Dinge gesagt, aber mir nie.

Psychologin: Also, sie hat mich gebeten, es dir zu sagen.

Mutter: Ich kann mich erinnern... hast du Susan noch gekannt, das junge Mädchen... Sie teilte einmal das Zimmer mit uns – sie hatte Tumoren. Und sie war ein so nettes Mäd-chen, aber sie vertrug die Medikamente so schlecht, daß sie sich beim Gehen an die Wand lehnen mußte. Und als sie das nächste Mal wiederkam, hatte sie Tumoren im ganzen Kör-per. Und Dr. X nahm sie beiseite und sagte ihr – sie war vier-zehn oder fünfzehn Jahre alt –, daß sie sterben würde. Und ich dachte, daß das wirklich ... ich meine, daß das großartig von ihm war.

Einer Sechsjährigen kann man das nicht sagen, aber man kann es ihren Eltern sagen. Und ich glaube, ich war wütend, weil das damals nicht geschah. Ich wußte, was los war, aber auf einer bestimmten Ebene wollte ich es nicht zugeben.

Ich erinnere mich noch an den Tag, als Meredith auf die Liste der kritischen Fälle kam. Ich war zum Flughafen gefahren, um meinen Vater abzuholen, und als ich den Flur hinunterging, um einen Kaffee zu trinken, rief mich Dr. R. aus dem Ordinationszimmer und fragte mich: »Frau Elliott, hat Ihnen jemand erklärt, was das heißt, auf die ›kritische Liste‹ zu kommen?« Und ich sagte: »Ich kann es mir schon denken! Aber niemand hat es mir speziell gesagt.« Er war deshalb böse und sagte: »Jemand hätte Ihnen aber deutlich sagen sollen, was das bedeutet. Sie ist dem Tod sehr nahe.« Er war sehr freundlich, drückte sich aber deutlich aus. Und er sagte mir alles, was bei ihr physiologisch nicht in Ordnung war, und wir saßen zusammen und redeten, was geschehen würde, wenn sie stürbe, und was geschehen würde, wenn sie am Leben bliebe ... Ich fürchtete nämlich, daß sie einen Gehirnschaden haben würde, wenn sie überlebte. Aber ich dachte: Warum hat es mir denn niemand gesagt? Ich hätte es schon verkraften können, wirklich.

Das Wissen der Kinder um ihren Tod

Einer der schwierigsten Aspekte von Merediths Krankheit war weniger ihr Wissen um die Ernsthaftigkeit ihrer Leukämie, als daß sie uns ihren Kummer nicht immer mitteilte. Ich war verletzt. Ich hatte das Gefühl, daß wir ihr nicht genug geholfen hatten, mit ihrer Angst vor dem Tod fertig zu werden. Aber irgendwie tauchte immer wie gerufen die »wichtige Freundin« auf, der sie alle ihre Fragen stellen konnte. Wenn die Freundin gerade nicht da war, dann konnte es ein Babysitter oder ein ahnungsloser Verkäufer sein. Aber den Müttern werden diese Dinge verborgen.

Psychologin: Eines Tages (als Meredith zum ersten Mal in der Klinik war) stellte sie mir die Frage: Wer lebt und wer stirbt? Wir redeten darüber, und eine Woche später fragte sie mich, ob ich am Nachmittag etwas vorhätte... Sie wollte nicht allein bleiben, während du Jerry am Flughafen abholtest. So sagte ich ihr, daß ich vorbeikommen würde. Sie begann, mich mit Fragen zu bestürmen über alles, was sie während der ganzen Woche zurückgehalten hatte.

So wollte sie wissen, ob nur alte Menschen sterben. Und wir unterhielten uns über den Kreislauf des Lebens, und ich verwendete die Rose als Beispiel: Wie die Rose zuerst eine Knospe ist, sich dann zur Blüte entfaltet und sehr schön wird. Und sie beschenkt damit die Welt und die Menschen, die Blumen lieben. Schließlich verliert die Rose ihre Blätter und Blütenblätter und stirbt.

Dann fragte sie: »Gehen die Menschen durch das Leben und sterben, wenn sie alt sind?« Ich mußte es wieder anders angehen... Ich sagte, manchmal kommen Insekten und zerstören eine Blume, bevor sie die Möglichkeit hat, durch den ganzen Zyklus ihres Lebens zu gehen. Und das geschieht im Grunde auch, wenn ein Kind krank ist.

Sie sagte: »Dann sterben also auch Kinder.« Ich antwortete: »Nun, wenn eine Blume Insekten hat, was macht man dann? Man besprüht sie. Und manchmal erwischt man die Insekten nicht früh genug, und die Blume stirbt. Aber wenn du sie früh genug erwischst, dann wird die Blume wieder gesund und geht durch ihren normalen Lebenszyklus.«

Sie hatte noch ein paar Fragen, aber sie verarbeitete die Tatsache, daß manche Dinge sterben und manche nicht und daß man nicht alt zu sein braucht, um zu sterben.

Wenn man Kinder betreut, die Leben und Tod noch nicht verstehen, dann können sie eine Analogie verstehen wie die von der Rose. Ich war zwar eine Person, die eine weiße Uniform trug und über Leukämie Bescheid wußte, andererseits gab ich ihr aber nie eine Spritze und verursachte ihr keine Schmerzen wie die Schwestern und Ärzte, ich war also keine Bedrohung für sie.

Mutter: Es geht um das Sterben im allgemeinen ... Sie und ich sprachen zum ersten Mal darüber, also, wir kamen drauf, als zwei von ihren Freunden ein Jahr davor gestorben waren, und dann redeten wir eine ganze Weile nicht mehr davon, weil es ihr besser ging und der Tod (scheinbar) keine Bedrohung mehr für sie war ... Dann wieder im April, als ich krank wurde und dieselben Untersuchungen bei mir gemacht wurden wie bei ihr. Das fand sie sehr lustig. Dann kamen die Testergebnisse zurück, und ich sagte ihr, daß ich diese Krankheit habe, multiple Sklerose, und daß ich sie immer haben werde. Ich versuchte, ihr die Ähnlichkeit unserer beiden Krankheiten zu erklären, und trotzdem gab es Unterschiede, aber ich sagte, daß ich die Krankheit für den Rest meines Lebens haben und daß ich eines Tages vielleicht daran sterben werde.

Und dann sprachen wir über die Zeit. Ich glaube, ich konnte ihr schließlich klarmachen, daß es noch so viele Jahre bis dahin wäre. Ich sagte zu ihr: »Stell dir einmal vor, wie es sein würde, wenn meine Mutter heute stürbe, wo ich schon erwachsen bin. Ich würde traurig sein, aber ich brauche meine Mutter nicht mehr, damit sie für mich sorgt, und so ist es nicht dasselbe, als wenn sie sterben würde, wenn ich noch klein bin und sie brauche.« Das hat sie verstanden. Und dann reagierte sie ganz merkwürdig. Sie fand es großartig, daß wir zusammen krank waren. Wir würden zusammen eine Besserung erleben und zusammen einen Rückfall haben. Und ich glaube, sie verstand den Begriff Zeit so weit, daß er auf ihre Abhängigkeit keinen Einfluß haben würde.

Psychologin: Sie äußerte sich nur einmal über deine multiple Sklerose, als sei das so eine Spinnerei von dir. Ich sagte etwas, und sie bohrte weiter. Offenbar war es keine allzu große Belastung für sie, nämlich daß sie dich vielleicht brauchen würde, und du wärst nicht da.

Mutter: Das eine habe ich ihr immer versprochen, daß ich dasein würde. Ich frage mich oft, ob ihr das nicht angst machte, daß ich ihr nur das eine versprechen konnte. Ich habe ihr nie etwas anderes versprochen. Vielleicht brauchen Kinder mehr Sicherheit.

Psychologin: Hat sie mit dir nie über Trennung gesprochen?

Mutter: Ich glaube, sie dachte manchmal, daß ich abhängig werden würde... Es braucht gar nicht so viel, daß man abhängig von anderen wird... wirklich nicht. Das ist das Schlimmste in der Elternpflege, diese Abhängigkeit. Die Kinder gewöhnen sich so daran, daß ihre Mami immer da ist. Meredith wurde wütend, wenn ich nur aus dem Zimmer ging. Vielleicht hatte sie das Gefühl, daß ich sie im Stich lasse, wenn ich zu Elternbesprechungen oder über die Straße ging, um etwas zum Essen zu holen.

Psychologin: Darüber habe ich eine andere Meinung... Aber die Mütter überschlagen sich; wenn sie nur hinausgehen, um eine Zigarette zu rauchen oder das Essen zu richten, sie brauchen immer zu lang – auch mit dem Vierzig-Sekunden-Mikrowellenherd. Das gibt dem Kind Gelegenheit, Dampf abzulassen.

Manche Forscher sagen, daß der Mensch ein Signal bekommt, wenn der Körper dem Tod nahe ist. Meredith wußte es, aber sie schirmte mich wieder davon ab. Während der fünf Monate davor, seit ihrem Rückfall, hatte sie mich über Begräbnisse ausgefragt, bis wir dieses Thema erschöpft hatten. Dann stellte sie mir plötzlich keine Fragen mehr. Aber sie holte sich die Antworten von ihrer Freundin ... Sterben Menschen alleine? Tragen sie Kleider? Wozu sind Begräbnisse da? Wenn ich sterbe, kommst du dann zu meinem Begräbnis? Und sie brachte ihre Wünsche ganz klar zum Ausdruck – was sie anhaben, was sie bei sich behalten und wo sie begraben werden wollte (»über der Erde«).

Mutter: Wie hat Meredith dir zu verstehen gegeben, daß sie wußte, daß sie sterben würde?
Psychologin: Zuerst gab es einige Veränderungen in ihrer Einstellung. Am auffälligsten war dies, als sie nach Weihnachten nach Houston zurückkam. Sie wußte, was es mit Leukämie auf sich hatte, wie hoch die Sterblichkeit ist, und trotzdem war sie sicher, daß sie damit fertig werden würde. Aber nach Weihnachten hatte sie ihre Zuversicht verloren und wußte, daß sie die Klinik nie mehr verlassen würde.
Mutter: Die Veränderungen über Weihnachten. Das Knochenmark war ganz schlecht ... sie weinte zum allerersten Mal. Zu Hause sagten sie, daß sie sich zum ersten Mal wirklich klarmachten, wie krank sie war. Und sie hatte schreckliche Angst. Sie stellte Fragen wie: »Kann man sterben, wenn man keine Polys hat?« Und wir mußten über den

Unterschied reden, wenn man nicht genug Polys oder nicht genug Blut hat, wenn man sich zum Beispiel die Pulsadern aufschneidet und verblutet. Sie hatte vorher keine Polys gehabt und hatte sich deswegen keine großen Sorgen gemacht. Dieses Mal sagte sie, daß sie sterben würde.

Psychologin: Etwas hatte sie enttäuscht. Ich weiß nicht, was vorgefallen war, ob es mit Wichita oder mit ihrer Rückkehr nach Houston zusammenhing. Sie verbrachte die meiste Zeit in Houston als ambulante Patientin. Und wenn sie in die Klinik kam, änderte sich ihre Einstellung immer.

Mutter: Irgendwie ist es immer schrecklich, in die Klinik zu gehen, aber wenn man einmal drin ist, will man nicht wieder hinaus. Man fühlt sich da sehr geborgen.

Das einzige, was sie mir außer der Geschichte mit den Polys noch sagte, war, daß sie Angst hatte ... einfach Angst.

Psychologin: In dieser letzten Woche hat sie mir gestanden, daß sie Angst hatte und daß sie sterben würde. In der Klinik. Sie hatte dich aus dem Zimmer geschickt und wollte mir alles sagen, was du an dem Tag falsch gemacht hattest und warum sie so ärgerlich auf dich war. Nichts war ihr recht. Sie hatte Angst.

Meredith wollte, daß ich dir sagte, was du alles falsch gemacht hattest, um dich dafür zu bestrafen, daß du zu den Elternbesprechungen gingst. Und als sie alle ihre kleinen Beschwerden vorgebracht hatte, sagte sie, daß sie Angst davor hatte zu sterben.

Mutter: Früher ... als wir auf die Beratung mit den Ärzten warteten, waren wir beide deprimiert. Sie fragte mich: »Kann man an einem schlechten Rückenmark sterben?« Und ich antwortete ihr: »Ja, aber es dauert eine lange Zeit.«

Ich kann mich an kein Erlebnis, an keinen Vorfall erinnern, der ihre Haltung in der letzten Zeit verändert hätte, außer dem letzten Knochenmarktest. Sie hatte sich eingeredet, daß das Ergebnis diesmal gut sein müßte. Vielleicht war sie einfach müde. Man kann nur eine bestimmte Zeitlang kämpfen, und dann sehen die Dinge ziemlich trist aus. Und alles, was in der letzten Zeit dort geschah, wie das Kleid (N.s Weihnachtsgeschenk), sie wußte, daß sie nie mehr aus der Klinik herauskommen würde und das Kleid tragen könnte ... Wie konnte sie das nur wissen?

Ich glaube, sie hat irgendwie aufgegeben. Es war die Mühe nicht wert, festzuhalten. Das Leben konnte nicht mehr normal sein. Es war unglaublich wichtig für sie, nicht so anders zu sein. Die Geborgenheit, wie Mary sagt – das Leben in der Klinik ist hart, aber in ihrem Fall hat sie daheim das Haus voll gesunder Kinder. Und obwohl sie Jim gerne zu Hause hätten, ist er in der Klinik glücklich. Er kann ja mit seinen Geschwistern nicht mithalten.

Psychologin: Ich glaube nicht, daß Meredith je das Gefühl hatte, daß sie nicht mithalten konnte.

Mutter: Doch, das glaube ich schon.

Das Team

Am Beginn von Merediths Besserung besuchte uns die junge Psychologin, unsere Freundin. Später vertraute sie mir an, daß der eine Grund für ihre Reise darin bestand, daß sie eine Forschungsarbeit beenden wollte. Der zweite Grund war, daß sie Abschied nehmen wollte.

Mutter: Ich werde diesen Besuch nie vergessen. Du wurdest krank. Du fuhrst dein Auto kaputt. Ich mußte Meredith sagen, daß du dich nicht wohl fühltest, und ich versprach dir, daß ich ihr den Grund nicht sagen würde. Die Fahrt zurück nach Dallas. Das alles hat mir Kummer gemacht.

Psychologin: Ich meine, daß du in Anbetracht der Umstände normal reagiert hast. Mütter wollen immer beschützen.

Mutter: Na ja, so war es am Anfang. Ich hatte mir schon eine kleine Rede aufgesetzt. Das hatte ich vergessen. Ich glaube, das Wichtigste daran war, daß ich mir klar darüber wurde, wie ich zu dir und zum Krebs stand, aber bis vorhin hatte ich vergessen, worum es in meiner Rede ursprünglich ging. Ich sagte dir, daß du mein Kind in Ruhe lassen solltest. Ich sagte: »Warum bist du gekommen?« Und du sagtest: »Weil es das letzte Mal ist.« Und meine Reaktion war: »Laß mein Kind in Ruhe. Stirb nicht. Tu meinem Kind nicht weh.« Und ich glaube, ich merkte zum ersten Mal ... ich war nämlich wütend, daß du kamst, wirklich, mir ging das Ganze gegen den Strich ... und, na ja, weil ich dich eigentlich nicht sehr gut kannte und du dich eines Tages einfach angemeldet hast. Und ich dachte: Was glaubt die eigentlich?

Dann ging die Geschichte so aus, daß wir mit deinem ramponierten Auto gemeinsam nach Dallas zurückfuhren. Das waren die intensivsten sechs Stunden, die ich in meinem ganzen Leben verbracht habe. Zu wissen, daß du sterben würdest und daß ich wirklich etwas für dich empfand, daß du nicht einfach ein junges Ding warst, das Meredith gegen meine bessere Einsicht dauernd süßes Zeug gab. Und ich sage dir, als ich an dem Abend das Flugzeug bestieg, weinte ich die ganze Strecke zurück nach Wichita. Es war ein langer Flug. Und danach weinte ich noch einen halben Tag. Und die ganze nächste Woche war mit mir nichts anzufangen. Ich hatte wirklichen Kummer, zum ersten Mal wieder (nach Merediths Diagnose). Er überkam mich plötzlich, sehr intensiv und gründlich. Und ich weiß nicht, ob ich zum Teil um dich trauerte und zum Teil um Meredith. Ich weiß nur, daß ich einen Kummer durchlitt. Es war eine sehr intensive Erfahrung. Ich erinnere mich, daß wir danach oft stritten.

Psychologin: Wir haben immer viel gestritten.

Mutter: Wir haben mehr gestritten zwischen der Zeit im Oktober, als du zu uns kamst und sagtest, daß du krank seist und sterben *könntest*, und dem Januar in Houston, als du sagtest, daß du krank seist und wahrscheinlich sterben *würdest*. Und an dem Tag am Flughafen...

Weißt du, es gab etwas, das mir Merediths Sterben erleichterte, nämlich daß wir Zeit hatten, uns darauf vorzubereiten, wie man sich darauf nur vorbereiten kann. Und ich glaube, als du mir die ersten beiden Male sagtest, daß du sterben würdest, war ich nicht darauf vorbereitet. Und ich sagte: »Das kannst du nicht machen, das ist nicht fair.« Ich habe keine Zeit gehabt.

Und meine erste Reaktion... erinnere dich an den Tag, als du zwischen Weihnachten und Neujahr in die Klinik kamst, und dein Tumor war aufgebrochen, und du sagtest: »Mensch, das ist vielleicht das Ende, vielleicht noch einen Monat.« Und meine Reaktion war: »Das kannst du meinem Kind nicht antun. Du darfst nicht sterben. Du hast mit ihren Gefühlen gespielt, du hast ihr Herz gestohlen. Und erlaubst nicht, daß ich ihr etwas sage.« Und ich dachte einfach, verdammt nochmal. Und ich sagte: »Entweder du sagst es ihr, oder ich werde es ihr sagen.« Es war ihr gegenüber nicht fair.

Und ich verstehe nicht, warum du eine solche Angst davor hattest. Unterwegs nahmst du mir immer wieder das Versprechen ab, ihr nichts davon zu sagen, und ich weiß immer noch nicht, warum du dich so angestellt hast. Sie hat doch gesehen, wie andere Leute an Krebs gestorben sind.

(Gemurmelte Antwort)

Weißt du, es war eine der größten Stärken des ganzen Teams, daß wir uns über unseren Gesundheitszustand gegenseitig nichts vormachten. Und als du ihr an dem Tag am Flughafen von deinen Tumoren erzähltest, das war das Schwerste – es ist mir noch nie so schwergefallen, in ein Flugzeug zu steigen. Weißt du noch, wie sie die Arme ausstreckte und dich spontan umarmte? Und ich dachte: Mein Gott, ja, sie nimmt Abschied von ihr. Das dachte ich wirklich. Und ich denke, daß dies das Schlimmste ist, was ich in meinem Leben je durchgemacht habe. Das machte mir arg zu schaffen.

Ich mußte mich zusammennehmen, um sie ins Flugzeug zu bringen. Und als wir da saßen ... Ich meinte wirklich, daß sie jetzt alles verstanden hätte; ich dachte, sie müßte es wissen aufgrund unserer Gespräche über Chemotherapie und die Spritzen und all der Hinweise, die wir gaben. Sie kam nicht dahinter, und wir dachten, sie wüßte es schon. Und sie sagte: »Ich habe nicht gewußt, daß N. einen Tumor hat.« Ich sagte: »Ja.« Langes Schweigen. Dann sagte sie: »Gelt, an einem Tumor stirbt man nicht?« Ich antwortete: »Manchmal schon, aber manchmal auch nicht.« Sie sagte: »Ich hoffe, daß N. nicht stirbt.« Und ich sagte: »Das hoffe ich auch.« Und dann sagte sie nicht mehr viel darüber, bis wir nach Hause kamen. Jerry holte uns ab, und das war an dem Abend die große Neuigkeit, daß N. einen Tumor hat.

Wir sprachen erst wieder eingehend darüber, als du den nächsten Tumor bekamst. Als ich nach Austin fuhr (Mai 1972), um dich zu besuchen, sagte ich ihr, wohin ich fuhr und daß du sehr krank seist. Ich sagte nicht, daß du sterben könntest, ich sagte nur, du seist wirklich sehr krank, und daß sie nicht mitfahren dürfte und das Wochenende bei der Oma verbringen sollte. Ich weiß, daß sie sich dessen bewußt war, daß du vielleicht sterben würdest, und kurz darauf warst du ja auch nahe dran, und das wußte sie, und ich glaube, die Tatsache, daß du nicht gestorben bist, daß du es geschafft hast, hat ihr einen großen Auftrieb gegeben. Es war ein Risiko, ja, aber es hatte sich gelohnt. Sie sah, daß du mehrere Male nahe dran warst zu sterben, aber du kamst durch.

Das ist noch ein Grund, warum es mich irgendwie beunruhigt, daß sie aufgab. Sie gab wirklich auf.

Ein normales Leben

Wenn es etwas gibt, wonach diese leidenden Kinder sich in ihrem Herzen sehnen, dann ist es dies: so zu sein wie die anderen Kinder. Manche sprechen es sogar aus, daß sie lieber tot wären als anders als die anderen. Dieses Streben nach einem normalen Leben bedarf großer Tapferkeit und Anstrengung. Wenn man es erreicht, belohnt es sich selbst. Aber die meisten Familien, die ich kennenlernte, erreichten es in einem erstaunlichen Maß. Von einem persönlichen Standpunkt meine ich, daß diese Leistung, ein möglichst normales Leben zu führen, unserer Familie die Kraft gab, die Krise mit Würde durchzustehen. Und wir hatten die Befriedigung, daß uns das Zusammenleben in dieser Zeit doppelt soviel Freude machte, weil wir wußten, daß wir vielleicht kein »normales« gemeinsames Erlebnis mehr haben würden.

Mutter: Zu Weihnachten kamen wir an einen Punkt, der für uns sehr schwierig war, wo wir alle empfanden, daß es jetzt wirklich zu Ende geht, und ich glaube, daß Meredith letzten Endes aufgab, sie war müde und wollte so nicht mehr leben.

Wir hatten den Punkt überschritten, bis zu dem ein normales Leben möglich war, und jetzt wollte sie nicht mehr.

Beraterin: Dann sollte sie auch nicht mehr wollen.

Mutter: Ja, sie wollte wirklich nicht mehr. Das wird mir jetzt noch deutlicher als damals. Aber jetzt verstehe ich es ganz.

Beraterin: Das Kind hat also doch eine Wahl gehabt im echten Sinn des Wortes.

Mutter: Sie hat eine Wahl getroffen. Davon bin ich fest überzeugt.

Beraterin: Wissen Sie, was ich an der Geschichte (»Geh in die Welt für mich«) so schön fand? Und ich glaube, das gilt für jede Mutter mit heranwachsenden Kindern, wie meine es sind und Ihre es bald sein werden. Das ist die Fähigkeit dieser Frau, dem Kind alle möglichen schrecklichen Dinge zu erlauben. Ich glaube, das hat mich am meisten berührt. Was für eine starke, großartige Person muß das gewesen sein. daß sie dem Jungen solche Sachen erlaubte. Und wie er es konnte! Weil einfach jeder heranwachsende Junge Risiken eingehen muß. Wenn man ihm nicht erlaubt, sich auf ein Risiko einzulassen, nicht wahr, Auto zu fahren oder was immer, dann macht man ihn kaputt.

Mutter: Auch mit den Kleinen muß man Risiken eingehen. Das haben auch wir getan. Manchmal sind wir ins Kino gegangen oder unter Menschen, um etwas Dummes zu tun, das mir ganz gleichgültig war, aber für Meredith war es wichtig. Das war vielleicht das Beste, und wir hatten eine so innige und schöne Beziehung, trotz der ganzen Scheiße, die wir neunzehn Monate lang durchmachen mußten. In vieler Hinsicht war es ein schönes Erlebnis. Das gehörte auch dazu. Aber wir gingen damit ein großes Risiko ein. Wir nahmen viele Risiken auf uns.

Auch für Merediths Freundin war es sehr wichtig, ein normales Leben zu führen.

Psychologin: Vielleicht schlossen Meredith und ich uns deshalb so aneinander an, weil sie ein normales Leben wollte und ich auch. Wenn man Krebs hat, denkt man zuerst: Ich muß in mein Leben viel hineinstopfen, weil ich nur noch wenig Zeit habe. Aber einmal bremst du dich und sagst dir, daß das doch alles keinen Zweck hat. Na ja, du machst einen Europatrip und amüsierst dich und versuchst, so viel wie möglich in die kurze Frist der Prognose hineinzustopfen.
Aber über kurz oder lang kommst du drauf, daß es so nicht geht. Ich sagte mir, wenn meine Gesundheit bestens wäre, was würde ich dann tun? Ich würde ins College zurückgehen, mein Studium abschließen und dann weitersehen. Und das tat ich auch. Und ich glaube, das hat Meredith viel bedeutet, daß sie in die Schule ging wie andere Kinder. Ich kann mich in ihre Gefühle gut hineinversetzen. Später schaffte sie es nicht mehr, sie konnte nicht mehr zu den anderen Kindern zurückkehren und ein normales Leben führen.
Und das wollte sie doch so gerne. Sie war besessen von der Schule, als ob sie damit sagen wollte: »Ich bin normal, wenn ich wieder in die Schule gehen kann. Ich will wie die anderen sein. Ich will nicht mehr ausgelacht werden, ich will keine Spritzen mehr, und ich habe es satt, daß die Leute mich fragen, warum ich die Kanüle im Arm habe.« Das kann ich ihr nachfühlen.
Viele Krankheiten sind grausam und hart, aber ich glaube, daß keine dem Dehumanisierungsprozeß gleichkommt, den ein Krebs- oder Leukämiepatient durchmacht. Man wird nicht nur von innen her langsam zerfressen, sondern gleich-

zeitig verändert sich die Persönlichkeit, man wird dehumanisiert.

Viele Patienten haben Glück. Sie haben keine sichtbare Verunstaltung. Im letzten Mai machte ich eine harte Zeit durch, als ich plötzlich mit der Frage konfrontiert war, was für eine Person ich wohl sein würde, wenn ich nur ein Bein hätte. Das war wahrscheinlich das Härteste in meiner ganzen ... Es gab Zeiten, da wollte ich die Flinte ins Korn werfen und sagen: »Ach was, es lohnt sich ja doch nicht.« Und ein anderes Mal sagte ich mir wieder: »Wenn ich irgendeine innere Stärke und einen Charakter habe, wenn es mir wirklich auf den Sinn des Lebens ankommt, dann macht es nichts, wenn ich nur ein Bein habe.«

Ich meine, du kannst das mit den Kindern auf der Station vergleichen, die so etwas durchgemacht haben: die Kinder mit starken Verunstaltungen, bei denen zum Beispiel der Oberkiefer zerstört ist. Da sieht man eine ungeheure Veränderung. Und wo genau zieht man die Grenze der Lebensqualität? Es hängt wirklich vom einzelnen ab. Je nachdem, was man aus dem Leben herausholen möchte.

Was geschah mit Merediths normalem Leben? Ich glaube, daß du ihr zuallererst bestimmte Dinge verboten hast. Sie durfte nicht mehr auf öffentliche Plätze wegen ihres Blutbilds. Normale Menschen dürfen überall hingehen, und das machte sie ihrer Krankheit sehr bewußt, auch wenn du sagtest: »Heute kannst du nicht in die Schule gehen, weil drei Kinder Masern haben.« Merediths erster wirklich großer Kummer war, als sie ihre Haare verlor und die anderen Kinder sie deswegen auslachten.

Mutter: Die Haare verlieren, das ist gar nicht so schlimm, nur das erste Mal war furchtbar. Sie verlor ihres nämlich nicht, als wir damit rechneten. Sie verlor es zehn Monate später. Eines Tages fiel ihr das ganze Haar aus. Aus heiterem Himmel. Und wir setzten uns beide hin und weinten.

Das mit dem Haar war ein Trauma aus verschiedenen Gründen. Danach trug sie immer eine Perücke zur Schule, aber sonst trug sie sie nirgends. Auch nicht im Lebensmittelladen oder sonstwo. Sie riß sie vom Kopf und sagte, daß sie heiß sei und kratze, und sie setzte sie erst wieder auf, wenn sie zur Schule ging. Aber es war sehr wichtig für sie, daß sie sie zur Schule trug und so aussah wie die anderen Kinder. Die meisten Kinder wußten es. Natürlich wußten alle Kinder in ihrer Klasse, daß sie keine Haare hatte, und sie zogen sie deshalb nie auf. Ganz am Ende, als sie durch ein Medikament so zugenommen hatte, fragten sie, warum sie so dick sei, aber in der Geschichte mit den Haaren waren sie sehr rücksichtsvoll. Eines Tages kamen drei schwarze kleine Mädchen auf sie zu, die mit Bussen in diese Schule gebracht wurden*, und deshalb einen Zorn hatten. Sie zogen sie wegen ihrer Perücke auf und drohten, daß sie sie ihr wegnehmen würden. Ich glaube, daß dies das Schlimmste war, was ihr in der Schule passierte, daß man sich öffentlich über sie lustig machte, weil sie anders war. Es war schwer, aus dieser Situation herauszukommen. Einer ihrer kleinen Freunde kam und holte sie und brachte sie in das Schulzimmer zurück. Das hat sie wirklich erschüttert. Das Komische ist, daß beim nächsten Mal, als sie wieder ihr Haar verlor – du erinnerst dich, daß es ein bißchen nachgewachsen war und so niedlich aussah – also, daß es ihr da eigentlich gar nichts ausmachte.

* »Busing« – Politik in den USA zur Aufhebung der Rassendiskriminierung: Schwarze Kinder wurden mit Bussen aus den schwarzen Gettos in vorwiegend weiße Stadtteile gefahren und dort in die Schulen geschickt, eine Maßnahme, die auf beiden Seiten viel böses Blut machte (Anm. d. Übers.).

Psychologin: Du weißt, als wir anfangs ins El Patio (ein mexikanisches Restaurant) gingen, fand sie das wunderbar, aber als der Kerl sich dort so blöd benahm (der Oberkellner führte sie auf die Männertoilette), wollte sie nicht mehr hingehen.

Mutter: Ich wußte nicht ...

Psychologin: Schon die Vorstellung, daß sie ins El Patio gehen sollte, machte sie wütend. Jedesmal, wenn wir von El Patio sprachen, war sie sehr ablehnend. Weil man sie auf die Männertoilette schicken wollte, und der Mensch machte ein solches Getue wegen ihres Arms, und endlich sagte sie ihm, daß sie Leukämie hatte.

Mutter: Sie stopfte den Leuten den Mund. Sie hat es wirklich verstanden, die Leute zum Schweigen zu bringen. Jemand fragte sie: »Oh, was hast du denn?« Und sie antwortete: »Ich habe Leukämie.« Da waren die Leute dann so erschrocken, daß wir nie mehr Schwierigkeiten hatten.

Psychologin: Diese Vorfälle berührten sie sehr. Als sie nach Austin kam, sagte sie, daß sie einen kleinen Jungen kannte, der einen Verband über einem Auge hatte, und daß sie gut nachfühlen könnte, was er empfand. Die Leute machten sich lustig über ihn, weil er anders war ... Meredith und ich unterhielten uns darüber, daß es ganz gleichgültig war, was die Leute denken, weil die Leute, auf die es wirklich ankommt, sich nicht darum kümmern, ob du Haare hast oder nicht. Und das spielte sich ab, als wir die Geschichte mit den »Kappas«*, erlebten.

(Im Frühjahr 1972 machte Meredith sechs Wochen lang eine harte Zeit der Krankheit und Depression durch als Folge schwerer Medikamente zur Verstärkung ihrer Besserung.

* Angehörige der exklusiven Studentenvereinigung »Phi Beta Kappa« (Anm. d. Übers.)

Um sie aufzuheitern, fuhren wir nach Austin, Texas, um ihre treue Freundin zu besuchen und die Studentenvereinigung der Universität von Texas kennenzulernen, deren Mitglieder sie während des ganzen Schuljahres mit so viel Zuneigung und Aufmerksamkeit überschüttet hatten. Sie wurde sogar eingeladen, an dem Bankett für Stipendiaten teilzunehmen, und erhielt einen »Preis« für das beste Vorschulzeugnis der Ortsgruppe. Der Besuch konnte die verheerende Wirkung der Medikamente jedoch nicht beseitigen. Das konnte nur die Zeit heilen. Aber sie begriff, daß auch Menschen außerhalb ihrer Familie sie liebten, obwohl sie anders aussah.)

Psychologin: Die Kappas, so meinte sie, würden sie nicht mehr gern haben, weil sie keine Haare hatte. Und das Erlebnis bedeutete ihr sehr viel, weil Meredith damals erkannte, wie sehr ich sie lieb hatte. Doch als sie ihre Haare verlor, hatte sie Angst, es mir zu sagen. Meredith war immer so stolz auf ihre langen Haare gewesen ...

Mutter: Wir machten uns einen Scherz daraus. Als ihr Haar nachwuchs und so niedlich war, daß man einfach drüberstreichen mußte, strich ihr jeder mit der Hand über den Kopf. Wir nannten es »streicheln«. Und sie ließ sich so gerne streicheln.

Psychologin: Ja, manchmal, wenn sie zornig war, sagte sie: »Du hast mich den ganzen Tag noch nicht gestreichelt.« Und ihr Haar war so weich, und sie war so stolz darauf. Es war ein Segen, und sie schöpfte wieder Mut, aber dann kam wieder ein furchtbarer Rückschlag. Sie bekam zwar ihr Haar zurück, aber dann wurde sie so dick ...

Mutter: Und das war wirklich viel schlimmer als die Haare.

Psychologin: Und das Haar fiel aus. Sie machte eine so schreckliche Zeit des Selbsthasses durch. Ich muß sagen, daß ich gar nicht so schockiert war, als ich sie zum ersten Mal ohne Haare sah.

Mutter: Du warst es ja gewöhnt, Kinder ohne Haare zu sehen.

Psychologin: Und mein Vater hat auch nicht besonders viele. Aber ich war erschrocken, als ich Meredith im Herbst so dick sah. Meine erste Reaktion war: Wie schafft das kleine Herz es nur, den Körper am Leben zu erhalten? Meredith war sehr empfindlich in diesem Punkt. Als ich sie einmal aufhob und sagte: »Fein, Mere, du nimmst ja ab, es ist gar nicht mehr so schwer, dich aufs Bett zu heben«, ging es ihr den ganzen Vormittag gut.

Es ging Meredith gegen den Strich, daß sie keine Kontrolle über diese Dinge hatte. Wie ihr Gewicht. Und ihr Haar. Sie wollte sie selbst sein. Und das konnte sie nicht.

Und dann hatten wir ein disziplinäres Problem. Das hatte verschiedene Ursachen, aber eine davon war, daß sie ihre Normalität beweisen wollte und dafür ständig eine besondere Bestätigung brauchte.

Mutter: Komisch, mir kam nämlich vor, daß Meredith nie dieselbe Art von Bestätigung und Ermutigung brauchte wie viele andere Kinder. Keine abnormalen Kinder, ich meine das, was alle Kinder brauchen, während sie etwas lernen: Bestätigung, daß das, was sie tun, richtig ist. Daß sie es versuchen und daß sie Fehler machen dürfen und daß sie nicht schlimm sind, weil sie Fehler machen. Meredith brauchte das gewöhnlich nicht. Sie hatte ungewöhnliches Selbstvertrauen, bis zum vergangenen Herbst. Dann brauchte sie dauernd Hilfe, um sich zu überzeugen, daß sie überhaupt etwas wert war.

Psychologin: Ja. Sie machte eine Zeit durch, da wurde sie immer wütend auf sich, wenn sie etwas falsch machte. Ich mußte mich zu ihr setzen und ihr erklären, daß jeder

Mensch Fehler macht. Sie meinte, das sei abnormal. Wenn sie einen Fehler machte, sagte sie immer: »Wie hätte ich das denn wissen sollen?« Und sie brauchte es ja auch nicht zu wissen und wurde richtig wütend. Sie erwartete von sich, daß sie alles wußte. Sie war strenger mit sich, als irgend jemand anders es hätte sein können.

Disziplin

Psychologin: Einer der schwierigsten Bereiche in der Elternpflege ist die Disziplin. Wann setzt man dem Kind Grenzen und wann nicht?

Mutter: Es ist sehr schwer, eine normale Disziplin aufrechtzuerhalten, wenn man meint, daß das Kind nicht so lange leben wird, um davon zu profitieren. Warum ihm etwas versagen? Gib ihm, soviel du kannst, solange es noch am Leben ist. Das ist sehr, sehr schwer. Und die Abhängigkeit hilft einem auch nicht dabei.

Psychologin: Ich glaube, die Kinder möchten Disziplin, sie stellen einen auf die Probe. Sie wissen, wenn sie zu Hause wären, dürften sie dies oder jenes nicht tun, wie zum Beispiel die Wände bekritzeln. Ich glaube, daß Meredith oft Sehnsucht danach hatte, diszipliniert zu werden. Und auch, wenn sie meinte, daß wir schrecklich streng mit ihr waren, und sich überall beklagte, wußte sie doch, daß sie wie jedes andere Kind behandelt wurde. Ich glaube, wenn du Mere im Herbst nicht diszipliniert hättest, dann hättest du das mitgemacht, was Jan mit Madge bevorsteht. Madge weiß, daß sie sich alles erlauben kann. Disziplin ist sehr wichtig, wenn es zum Ende geht. Und ich glaube, daß Meredith es allen leichtgemacht hat. Sie disziplinierte sich selbst.

Sie wurde immer weniger abhängig. Sie hatte ihre Entscheidung getroffen und wollte sie so durchsetzen, wie es am besten schien. Das klingt so, als hätte sie gewußt, was ihr noch bevorstand. Vielleicht wußte sie nicht genau, *was* das war, aber sie wurde damit auf ihre Weise fertig, weil sie noch ihre Identität hatte. Du hast ihr nicht immer nachgegeben. Du hast sie diszipliniert, damit sie ihre Identität behalten konnte. Darum geht es nämlich in der Disziplin. Das hat ihr geholfen, ihre Wahl zu treffen. Sie war nicht in jeder Kleinigkeit von dir abhängig.

Manchmal bin ich nicht sicher, ob ich das fertigbringe. Im letzten Frühjahr hatte ich vom Krebs die Nase voll. Ich erklärte, ich wollte keine Medikamente und überhaupt nichts mehr, und da fragte mich Meredith: »Wie kannst du von mir erwarten, daß ich kämpfe, wenn du es nicht tust?«

Mutter: Wieso wußte sie, daß du aufgegeben hattest?

Psychologin: Sie hörte, wie ich mit einer Freundin darüber redete.

Die letzten Tage

Mutter: Können wir noch einmal darüber sprechen, was an dem Wochenende geschah, als sie starb? Diese ganze Zeit, der Monat, bevor sie starb, nachdem wir nach Houston zurückgekommen waren, war so anders. Wir kamen mit der Erwartung, mit dem Bewußtsein zurück, daß die Dinge diesmal anders waren, wußten aber nicht recht, warum. Und dann bekam sie Lungenentzündung. Ich werde nie vergessen, wie sie hereinkam an dem Tag, als wir zu unserer Wohnung hinausgefahren waren. Die Wohnung war verwüstet, und ich war so wütend, daß wir nicht einziehen konnten. Und mein Zorn ergoß sich über die abwesenden Unbekann-

152

ten, die in die Wohnung eingebrochen waren, alle unsere Sachen weggenommen und ein Durcheinander zurückgelassen hatten. Wir besaßen nichts mehr und mußten in ein Motel gehen und uns in öffentlichen Räumen aufhalten. Und am Sonntagmorgen hatte sie Fieber.

An dem Morgen stapfte sie ins Badezimmer und sagte: »Ich möchte es dir eigentlich nicht sagen« – und ich sah, wie entsetzlich erschrocken sie war – »aber ich weiß, daß ich es dir sagen muß. Meine Schulter tut mir weh.« Du hättest mir einen Eimer mit weißer Farbe ins Gesicht schütten können, das hätte dieselbe Wirkung gehabt. Ich verbarg ihr, so gut ich konnte, daß ich wirklich in Sorge war. Ich sagte: »Na, wir müssen heute sowieso in die Klinik fahren, dann werden wir das behandeln lassen.« Aber sie hatte wirklich Schmerzen, und ich dachte immer nur daran, daß es bei Jim genauso war. Sein erstes Symptom war, daß er Schmerzen in der Schulter hatte. Und ich dachte: Mensch, das habe ich doch gleich gewußt, daß das Medikament ihr Knochenmark kaputtmachen würde, während die Lungenentzündung gleichzeitig schlimmer wird. Es war wie eine Vorahnung, die ganze Woche sah ich blitzartig vor mir. Und das ist dann auch so ziemlich eingetroffen.

Dann passierte das, was zum ständigen Witz auf der Station geworden ist. Du weißt, daß wir in dem Zimmer am Ende des Korridors waren, dem »gesunden« Ende, mit Magde und Barb. Und Magde wurde ambulante Patientin, und Barb ging nach Hause, und Y. (eine Krankenschwester) kam zu mir und fragte: »Möchten Sie nicht in ein Einzelzimmer ziehen?« Das versetzte mich sofort in Panik. (Man übersiedelte von einem Ende des Korridors zum anderen je nachdem, wie ernst der Zustand war.) Ich fragte: »Aus medizinischen oder sozialen Gründen?« Und sie versicherte mir, daß es aus sozialen

Gründen war, denn ein »schwieriges« Kind sollte kommen, und ich hatte die Wahl, ob wir bleiben oder übersiedeln wollten. Entweder war das ein sehr merkwürdiger Zufall, oder sie hat mich wirklich hinters Licht geführt. Ich muß ja daran glauben, daß es wirklich ein Zufall war, aber seither reden wir in der »Familie«, die noch übrig ist, davon und machen einen ständigen Witz daraus: »Aus medizinischen oder sozialen Gründen?« Und ich glaube, daß die Übersiedlung an das »kranke« Ende einen Einfluß auf sie hatte.

Ich erinnere mich nicht mehr, an welchem Tag wir übersiedelten. Muß wohl der Donnerstag gewesen sein. Am Morgen hatte sie hohes Fieber. Am Nachmittag ging es ihr gut. Wir waren ein oder zwei Tage in dem Zimmer, bevor es ihr schlecht ging. Und dann ließen wir Jerry kommen, damit er weiße Blutkörperchen spendete. Und ich erinnere mich, wie ich ihn abholte. Er hatte nicht vorgehabt, an diesem Wochenende zu kommen. Ich sagte: »Also, sie ist wirklich krank, aber auch wieder nicht *so* krank.« Als ob ich es wüßte, aber leugnen wollte ... Und am nächsten Morgen war sie auf der Liste der kritischen Fälle.

Und der Sauerstoff. Ich fragte mich die ganze Zeit, warum sie ihn ihr nicht schon früher gegeben haben. Es ging ihr doch so schlecht. Sie hatte solche Schmerzen. Überall.

Psychologin: Sie war sich sehr bewußt, was in dieser Woche geschah.

Mutter: Ich erinnere mich, wie sie allmählich davonglitt, als sie auf die Liste der kritischen Fälle kam. Sie fing an, seltsame Sachen zu sagen, als ob sie träumte. Und ich rief meinen Vater an, und wir besprachen hastig, ob er kommen sollte. Und eine Freundin rief von San Antonio an, und ich sagte: »Wir haben schon Schlimmeres geschafft.« Und sie sagte, daß sie ihrem Mann davon erzählt hatte, der Arzt war, und der hatte gesagt: »Es ist alles vorbei.« Er war so weit weg, aber er erkannte aus dem, was ich erzählt hatte, daß die Situation sich zuspitzte. Und als mein Vater ankam, sagte er: »Na, es geht ihr ja doch nicht so schlecht, wie ich dachte.« Aber an dem Abend (Sonntag) war es soweit. An diesem Abend rief er sogar Jerry aus dem Motel zurück. Ihr Leben hing nur noch an einem Faden. So ging es noch einen Tag länger, als wir gedacht hatten. Und dann war die Geschichte mit der Leukapheresis an diesem Abend. Es macht mich manchmal so wütend, daß die Klinik am Wochenende zusperrt. Sie hätte schon am Samstag weiße Blutkörperchen haben können, wenn sie gewollt hätten. Aber wir mußten bis Montag warten, und dann war es zu spät.

Und ich erinnere mich an das komische Geräusch, das sie beim Atmen machte, und jedes Mal, wenn sie es machte, gab es mir einen Stich. Und Dr. R. sagte immer, das sei nur ein Reflex. »Machen Sie sich erst Sorgen, wenn sie es nicht mehr macht.« Und am Montag hörte sie auf, dieses Geräusch zu machen.

In dieser Nacht schlief ich ein und wachte eben noch auf, bevor alles vorbei war. Und ich dachte, ob sie wirklich stirbt? Ich wußte, daß sie nahe dran war, aber ich konnte es nicht glauben. Ich fragte meinen Vater: »Ist sie tot?« Und er sagte: »Ja, sie ist klinisch tot.« Und ich weinte.

Früher hatte ich doch einmal gesagt: »Bitte, es soll schnell geschehen.« Und als sie wirklich starb, war ich ebenso gebrochen und verwirrt wie jeder andere. Es kam wie aus heiterem Himmel. Ich war schockiert über diese Reaktion, obwohl ich doch genau wußte, wie die Dinge standen. Ich wurde aus dem Zimmer geschickt und ärgerte mich darüber. Ich dachte: Mein Gott, sie haben Ginny doch auch erlaubt zu bleiben und Tom zu waschen, und ich habe wirklich gedacht, daß sie mir das erlauben ... Sie ist doch mein Kind, und ich habe ein Recht darauf, bei ihr zu sein. Aber sie waren anderer Meinung.

Es geschah alles so schnell. Ich erinnere mich, daß ich zu Mary hineinging und mit ihr sprach, als es vorbei war.

Und sie sagt mir immer noch, daß alle erstaunt waren, wie gut ich mich abgefunden hatte, aber in Wirklichkeit hatte ich einen Schock. Ich ging einfach hinein und sagte ihr, daß alles vorbei war. Wir redeten ein paar Augenblicke.

Ich erinnere mich, daß Schwestern hereinkamen. Ich ging früher hinaus und verabschiedete mich von ihnen auf der Schwesternstation. Manchmal denke ich, daß es dem Personal noch schwerer fällt, mit so etwas fertig zu werden, als den Eltern. Aber nicht in jedem Fall ist es so schwer für sie. Ich weiß nicht, warum es bei Meredith so war, denn so lange war sie gar nicht dort gewesen. Sie hätte gar nicht so vielen Menschen nahekommen können. So war es aber. Ich kann mir einfach nicht vorstellen, daß Leute, die hier arbeiten, sich jeden Menschen so zu Herzen nehmen, der hier stirbt. Nicht alle brachen zusammen, aber es gab eine ganze Reihe von Leuten, die offen weinten.

Erwartungen

Ich gestehe, daß es etwas Tröstliches hatte, zu wissen, wie alles enden würde. Wir hatten Zeit, uns darauf vorzubereiten. Wir hatten Zeit, das Leben in seiner Fülle und so normal wie möglich zu leben. Der Entscheidungsspielraum war beschränkt. Dann war es nur noch eine Frage, das auszuführen, was wir gewählt hatten. Es ging um die schwer faßbare Lebensqualität, die heute ein so modischer Begriff ist.

Wir hatten das Glück, daß unsere Tochter ungewöhnlich reif war und akzeptieren konnte, was ihr, wie sie wußte, vom Schicksal bestimmt war. Aber vielleicht ist das auch eine Nebenwirkung von Krebs, daß die Kinder, die ein Opfer dieser Krankheit werden, ungeheuer schnell reifen, denn das habe ich auch bei vielen anderen gesehen.

Und am Ende war es leichter für uns als für viele andere. Nicht daß es wirklich leicht war – nur im Vergleich. Wir, mein Mann und ich, wußten in diesem Stadium der Krankheit, woran wir waren. Wir hatten um eine aggressive Therapie gebeten und sie bekommen, wie wir es wollten, und die ganze Verantwortung für dieses Risiko auf uns genommen. Wir haben verloren. Das hat uns weh getan, es war qualvoll, aber es ging schnell, wir hatten unsere Zustimmung gegeben und bedauerten es nicht.

Ich habe andere Kinder gesehen, die an Krebs starben. Bei manchen zog sich die Krankheit lange hin, sie wurden immer schwächer und welkten einfach dahin. Andere starben an massiven, ekelhaften, scheußlichen Infektionen. Diejenigen von uns, deren Kinder zwischen diesen beiden Extremen gestorben sind, können als glücklich gelten. Der Tod kam nicht so schnell, daß er uns die Zeit der Vorbereitung nahm, noch zögerte er sich so sehr hinaus, daß er den Rest unseres Lebens beeinträchtigte.

Und mit wenigen Ausnahmen begrüßten die Mütter der pädiatrischen Krebsstation den Tod als einen Segen und atmeten auf. Keine von ihnen konnte sich eine Erleichterung vorstellen, *bevor* das Kind starb. Doch wenn der Tod schließlich eintrat, gab es ein fast universelles Gefühl des Entbundenseins, der Freiheit, wieder ohne Angst und Schmerzen zu leben, für sie selbst und für das tote Kind.

Mutter: Bei unserem ist es so schnell gegangen. So viel schneller, als ich erwartet hatte. Ich hatte mir Ostern in den Kopf gesetzt. Bis zum Frühjahr halten wir durch, dachte ich. Und dann war alles schon im Januar vorbei. Aber es war erstaunlich. Ich erkenne, wie sich über das Wochenende meine eigenen Gefühle veränderten. Am Freitag wurde sie sehr krank, am Samstag wurde es noch schlimmer. Panik, Angst und Annehmen innerhalb von drei Tagen.

Beraterin: Ja, so war es.

Mutter: Ich erinnere mich an den Tag, als Sie hereinkamen. Ich bin bereit. Ich bin nicht bereit; ich bin so bereit, wie ich eben kann. Und bitte, laß es schnell gehen. Und ich wurde sehr kribblig und ängstlich und dachte: Wie lange wird es dauern?

Lebensqualität

Mutter: Darf ich Ihnen einige Fragen zur praktischen Schulung des Personals stellen?

Beraterin: Man bekommt eben so viel mit, wie man kann. Ich meine, das beste Training ist ohnehin die Erfahrung. Aber hier geht es besonders um Sterbende, vor allem auf der Pflegestation. Die ist sehr gut. Man versucht dort immer, neue Methoden zu finden, wie man mit Sterbenden umgeht. Meiner Ansicht nach ist das ein Problem unserer ganzen Gesellschaft. Wir sind alle konditioniert worden, nicht an den Tod zu denken. Und ich habe das Gefühl, daß die Menschen erst richtig leben können, wenn sie sich mit dem Tod auseinandersetzen. Denn der Tod ist ein integraler Teil des Lebens. Aber ein großer Prozentsatz unserer Bevölkerung verwendet so viel Energie darauf, den Tod zu verleugnen. Aber wir müssen alle sterben. Das wissen wir ja auch. Und oft ist es gar nicht so wichtig, wie oder warum wir sterben, sondern es geht darum, wie wir leben.

Zum Beispiel als ich arbeiten mußte, als meine Kinder noch klein waren, und ich sehr damit zu kämpfen hatte und mich mit Schuldgefühlen plagte, mußte ich schließlich einsehen, daß ich an manchen Tagen, wenn ich den ganzen Tag zu Hause blieb, gar nicht wirklich bei meinen Kindern war. Ich war belastet und gestreßt und machte mir Sorgen ums Geld, ich war böse mit den Kindern und schrie sie an – was hatten wir also davon? Das heißt nicht, daß sich alles auf wunderbare Weise klärt, wenn man arbeiten geht, gar nicht, man kommt müde nach Hause und schreit auch dann die Kinder an. Aber die wichtigen Zeiten sind die, wenn ich wirklich bei ihnen bin. Auf die Qualität kommt es an. Das ist die Lebensqualität. Auf die Qualität kommt es an, ob jemand an einen Haufen Apparate angeschlossen ist oder ob jemand einfach erträgt, was er hat, von einem Tag zum andern und zum nächsten. Aus welchem Grund auch immer, ob einer deprimiert ist oder Angst hat oder weil er es nicht besser versteht.

Mutter: Ich glaube, eines der ungelösten ethischen Probleme unserer Zeit ... ich habe darüber nämlich mit einem medizinischen Genetiker gesprochen, über medizinisch-ethische Fragen ... und über Abtreibung, und ich sagte, daß ich froh bin, daß ich mich drücken kann, denn es betrifft mich nicht, weil ich ohnehin keine Kinder mehr will. Es ist also keine ethische Entscheidung, die ich zu treffen habe. Was ich aber für ein brennendes Problem unserer Zeit halte, ist dieses: Wenn ich das Gefühl habe – damit meine ich nicht, aus einer irrationalen Depression heraus –, daß es keinen echten Grund mehr gibt, mein Leben fortzusetzen, habe ich dann das Recht, mein Leben mit Anstand zu beenden? Wenn ich weder für mich selbst noch für die Gesellschaft produktiv sein kann und nichts mehr übrig habe als die bloße Existenz, dann meine ich, ist es an der Zeit, und ich sollte das Recht haben, Schluß zu machen. Und ich hoffe, daß die medizinische und ethische Hilfe mir auch wirklich dabei hilft, das zu tun, wenn es einmal soweit ist.

Ich meine, daß das auch für mich gilt, was Sie über Lebensqualität sagen. Ich habe einmal gesagt: »Na ja, mit multipler Sklerose werde ich nie alt werden.« Und ich sagte: »Ich will gar nicht alt werden. Ich will keine alte Frau werden. Hilflos und unproduktiv.« Und ich dachte: Na, wahrscheinlich habe ich noch viele andere Probleme, bevor dieses auf mich zukommt! Und daher meine ich, daß dies eine Frage, eine sehr ernste Frage ist.

Beraterin: Kein Zweifel ... Und so habe ich gegen Psychologen argumentiert, die die Ansicht vertreten, daß der einzige Grund, sich das Leben zu nehmen, eine irrationale Depression sein muß; und ich meine, das ist absoluter Quatsch. Denn ich glaube, daß man seinem Leben durchaus ein Ende setzen kann aus dem Gefühl heraus, daß jetzt die Zeit gekommen ist, wo ich aus freiem Willen sterben möchte. Wenn Menschen wirklich davon überzeugt sind, daß es für sie keine Möglichkeit gibt, ein für sie erträgliches Leben zu leben. Und das ist bei verschiedenen Menschen ganz unterschiedlich, denn ich habe einige schwer behinderte Menschen gesehen, die von jedem Standpunkt aus ein adäquates und für sie selbst offensichtlich befriedigendes Leben führen.

Mutter: Ich kenne auch solche Menschen. Mein Lieblingsprofessor ist einer.

Beraterin: Oder mein Vater, der nie krank gewesen war und am Ende seines Lebens krank wurde und dann sehr schnell starb. Und ich hatte dasselbe Gefühl wie Sie bei Merediths Tod: Gott sei Dank! Denn in dem Augenblick, als er seine Fähigkeiten verlor, war er nurmehr eine Hülse. Es war, als ob innen das Licht ausgegangen wäre. Und für mich war er damals schon tot. Das scheint so vielen Männern in unserer Gesellschaft zu geschehen, die wirklich etwas geleistet haben. Weil wir nur das betonen, was einer leistet, und nicht, was einer ist. Nicht das Sein, sondern das Tätigsein. Und mein Vater war ein Tatmensch.

Mutter: Ich empfinde, daß das Leben auch für mich so ist. Natürlich gibt es jetzt eine Menge Umstellungen, wo mein Leben so plötzlich umgekrempelt wurde, aber ich spüre diesen großen Drang in mir, jetzt alles zu tun! Alles, jetzt, sofort! Und das kommt zum Teil aus der Freiheit heraus. Jetzt, wo Meredith nicht mehr ist, habe ich viel Freiheit, die ich früher nicht hatte, und ich weiß noch nicht recht, was ich mit ihr anfangen soll, und so probiere ich eben alles. Und dann stehe ich wieder unter dem Druck, mich zu beeilen und mich zu entscheiden, was ich tun will, damit Ordnung in mein Leben kommt und ich mich sicher fühle, als ob man diesen Punkt je wirklich erreichen könnte, aber ich muß es versuchen. Den Kopf in den Sand zu stecken nützt ja auch nichts. Und ich finde das alles sehr verwirrend. Ich möchte ein volles Leben leben, bis meine Zeit gekommen ist zu gehen. Auf dem Weg hierher dachte ich mir: Was geschieht, wenn das Flugzeug abstürzt? Meinetwegen. Denn mein Leben war erfüllt. Ich habe nichts versäumt.

KAPITEL III
Der plötzliche Todesfall

Wir haben bisher über todkranke Erwachsene und Kinder und über die Reaktionsphasen gesprochen, die diese Patienten und ihre Familien durchmachen, damit sie die Ereignisse begreifen und vielleicht einen Sinn oder doch ein inneres Gleichgewicht in dieser bestürzenden Veränderung ihres täglichen Lebens finden. Dies ist natürlich nur möglich, wenn zwischen dem Ausbruch der Krankheit und dem daraus resultierenden Tod noch eine gewisse Zeit verbleibt.

Es geschieht aber auch, daß Tausende von Erwachsenen und Kindern plötzlich und unerwartet sterben. Dies bedeutet, daß die Hinterbliebenen nicht vorbereitet sind und oft mit einem erheblichen Schock und einer Lähmung auf die tragische Nachricht reagieren, wenn klares Denken und schnelles Handeln am meisten geboten wären. Die Probleme sind vielfältig, und das folgende Gespräch zwischen einer hervorragenden, teilnahmsvollen Krankenschwester einer Unfallstation und der Autorin wird einige der Probleme berühren und manche Fragen klären, die am häufigsten gestellt werden.

Wenn ein Patient nach einem Verkehrsunfall mit einer schweren Verletzung auf die Unfallstation gebracht wird, tut Eile not, und jeder ist sich vor allem dessen bewußt, daß Minuten zählen. Das Krankenhauspersonal ist unglücklicherweise meistens der Ansicht, daß keine Zeit und keine Muße zur Verfügung stehen, um auf emotionale Bedürfnisse einzugehen. Die Opfer müssen schnellstens untersucht werden, um entscheiden zu können, welcher Patient am dringendsten versorgt werden muß, welchem noch zu helfen ist und ob ein Patient überhaupt noch am Leben ist oder nicht. Diese Entscheidungen zu treffen ist an sich schon eine enorme Aufgabe. Der Unfallarzt muß alles Nötige veranlassen. Die Atemwege müssen frei gemacht, die Herzfunktion muß in Gang gehalten werden, der Patient muß Sauerstoff bekommen oder an den Tropf gehängt werden – und zwar sofort. Niemand hat die Zeit, die verzweifelten Fragen der Verwandten zu beantworten, die sich nach einem Ehemann oder einem Kind erkundigen. Unfallärzte und -schwestern nehmen sich mit großem Einsatz der physischen Bedürfnisse des sterbenden Patienten an, aber seine psychologischen und spirituellen Bedürfnisse kümmern sie zunächst am wenigsten. Sie kämpfen verzweifelt darum, sein Leben zu retten. Der schwerkranke oder verletzte Patient befindet sich oft in einem Zustand des Schocks, sowohl physisch als auch psychisch, und gewöhnlich ist er sich gar nicht bewußt, was mit ihm geschieht.

ML*: Frau Dr. Ross, wie können wir einem Patienten helfen, der bei Bewußtsein ist, aber seine Orientierung verloren hat?
EKR: Ja, das passiert oft nach einer Kopfverletzung. Ich glaube, daß eine Krankenschwester diesem Patienten einfach dadurch helfen kann, daß sie ganz knapp und konkret mit ihm spricht und ihm eine Orientierungshilfe gibt. Sie kann zum Beispiel sagen: »Mr. Jones, Sie haben einen Unfall gehabt und sind jetzt im Bellemont Hospital. Ich bin Mrs. Smith und bin zu Ihrer Betreuung hier. Dr. Miller wird gleich zu Ihnen kommen.« Das ist für ihn nicht nur eine geographi-

---

* ML ist eine Krankenschwester der Unfallstation mit jahrelanger Erfahrung und großem Einfühlungsvermögen.

sche Orientierungshilfe, sondern der Patient erfährt auch, was ihm zugestoßen ist und wer Sie sind.

ML: Wenn Patienten in kritischem Zustand auf die Unfallstation kommen, dann machen wir uns große Sorgen um das Befinden der Angehörigen, aber die Schwestern sind zu beschäftigt. Die Angehörigen würden sie brauchen, aber wir können ihnen nicht helfen.

EKR: In diesem Fall sollte ein speziell geschulter freiwilliger Mitarbeiter oder ein Sozialarbeiter oder der Krankenhausseelsorger als Beistand der Familienangehörigen sofort zur Verfügung stehen. Diese Mitarbeiter sollten rund um die Uhr abrufbar sein; insbesondere in der Nacht, wenn die Not vielleicht am größten ist.

ML: Es ist schwierig, den Angehörigen einen privaten Raum zur Verfügung zu stellen. Wir haben zwar Sprechzimmer, aber die sind nicht nah genug an den Behandlungsräumen.

EKR: In der Planung neuer Unfallstationen sind hoffentlich auch besondere Zimmer für die Angehörigen vorgesehen, zum Beispiel ein Raum mit genügend Platz, wo die Familien ihren Gefühlen freien Lauf lassen können, wo sie in einem bequemen Sessel sitzen können, ein Raum, in dem sie so ungestört sind, daß er als sogenanntes »Schreizimmer« verwendet werden kann.

ML: Manchmal läßt sich eine Verzögerung nicht vermeiden, wenn wir versuchen, den diensthabenden Arzt zu erreichen, der den Totenschein ausstellen muß, oder wenn wir ein hinterbliebenes Kind erreichen wollen, das wir nach gesetzlicher Vorschrift benachrichtigen müssen.

EKR: Verzögerungen können wir nicht immer vermeiden, aber es ist unnötig und sehr rücksichtslos, wenn man die Familie stundenlang warten läßt, ohne den Leuten zu erklären, warum wir sie so lange warten lassen. Ich meine, hier hat der freiwillige Mitarbeiter eine Aufgabe. Er kann sich zu ihnen setzen, er kann zuhören und alkoholfreie Getränke oder Kaffee anbieten. Er könnte Telefonanrufe für sie erledigen und den Angehörigen helfen, sich auszusprechen. Die Angehörigen sollten nicht allein gelassen werden, außer wenn sie es selbst wünschen, und auch dann nur, wenn sie emotional nicht zu sehr mitgenommen wirken.

ML: Sollten wir auf irgendeine bestimmte Reaktion bei Angehörigen achten, die auf Schwierigkeiten schließen läßt?

EKR: Ich glaube, daß ein Mensch, der gerade seinen einzigen Angehörigen verloren hat oder der sich für den Unfall verantwortlich fühlt, der den Tod verursacht hat, selbst außerordentlich suizidgefährdet ist. Er wird sich oft in einem Zustand des Schocks befinden und das Ganze nicht wahrhaben wollen, und man sollte ihm nicht erlauben, das Krankenhaus allein zu verlassen.

ML: Wenn aber keine engen Freunde da sind, die diesen Menschen nach Hause begleiten können, was raten Sie dann?

EKR: Wenn er selbst der Fahrer des Autos ist, mit dem sein einziger Angehöriger ums Leben gekommen ist, und er sich in einem Schock befindet, würde ich ihn in das Krankenhaus einweisen, natürlich nicht in die Psychiatrie, sondern in ein angenehmes Zimmer, wo er eine warmherzige und liebevolle Betreuung bekommen und in dieser emotionalen Krise angemessen versorgt werden kann. Es wird sich höchstwahrscheinlich sowieso nur um eine Übernachtung handeln.

ML: Sind Sie dafür, daß man solchen Menschen ein Beruhigungsmittel zur Bewältigung der Krise gibt?

EKR: Nein, ich meine, daß unsere häufige Neigung, die weinenden, schreienden oder hysterischen Angehörigen sofort zu sedieren ... ich frage mich manchmal, ob wir das nur tun, weil wir es selbst brauchen. Wissen Sie, wir möchten, daß sie still sind, wir wollen sie daran hindern zu schreien, wir möchten, daß sie schnell die Papiere unterschreiben und das Krankenhaus verlassen. Aber ich glaube, wir können diesen Menschen viel besser helfen, wenn wir ihnen keine Beruhigungsmittel geben. Natürlich, wenn wir sie sedieren, kriegen wir sie schnell aus der Unfallstation hinaus. Das löst das Problem aber für die Angehörigen nicht, es verzögert nur ihre Reaktion.

Und ich meine, es wäre besser, wenn sie schreien und Fragen stellen dürften und sich an Ort und Stelle an der Schulter von irgend jemandem ausweinen könnten. Ich glaube, Sie würden ihnen auf längere Sicht einen größeren Dienst erweisen, wenn Sie ihnen kein Beruhigungsmittel geben.

ML: Die Angehörigen, die sehr still sind und wenig oder gar nicht reagieren, sind diejenigen, die mir Sorge machen.

EKR: Ja, die machen mir auch Sorgen. Um die sollten Sie sehr besorgt sein. Die Leute, die weinen und schreien oder sich sozusagen hysterisch aufführen und ihren Schmerz ausdrücken können, sind ein viel weniger großes Risiko als diejenigen, die alles bei sich behalten. Wir sprechen jetzt natürlich von einem plötzlichen Todesfall, nicht von einem Tod, den man erwartet hat, der eine willkommene Erlösung von einer langen, auszehrenden Krankheit sein kann.

ML: Wenn ein Unfall eine ganze Familie betrifft, verschiedene Leute dabei schwer verletzt wurden und einer vielleicht gestorben ist, was würden Sie dem Mann sagen, der nach seiner Frau fragt?

EKR: Wenn er sich selbst in einem kritischen Zustand befindet, der eventuell einen chirurgischen Eingriff erfordert, dann können wir ihm nicht gleich sagen, daß seine Frau tot ist. Der Patient hat schon wegen seiner eigenen Verletzungen ein emotionales Trauma erlitten. Er könnte einen Schock bekommen oder seinen Lebenswillen verlieren, wenn wir ihm die schlechte Nachricht gleich vermitteln. Es gibt natürlich auch Ausnahmen. Wir hatten einmal einen sehr schwer verletzten Mann, dessen Frau ums Leben kam, aber seinem Sohn ging es gut. Als der Mann sich nach seiner Familie erkundigte, sagte ich: »Ich bin nicht sicher, was Ihre Frau betrifft, aber ich habe Ihren Sohn gesehen, es geht ihm gut, und er hat nach Ihnen gefragt.« Der Mann sah mich plötzlich an und fragte: »Sie ist schon tot, ja?« Ich nickte.

ML: Man hätte ihn in dieser Situation nur schwer anlügen können, nicht wahr?

EKR: Ja, ich meine, wenn einer geradeheraus fragt, dann muß man ihm die Wahrheit sagen. Ich fragte ihn dann, ob er um seines Sohnes willen durchhalten könnte, und er sagte: »Ja, das will ich.«

ML: Glauben Sie, daß Patienten, die nach einem Unfall bei Bewußtsein sind, wirklich begreifen, was ihnen und anderen zugestoßen ist?

EKR: Sie sind oft in einem Schock. Ich glaube, wir müssen auf jeden einzelnen Menschen sehr sensibel reagieren und müssen entscheiden, wieviel ein Patient verkraften kann. Wenn wir ehrlich mit ihm sein können, ohne ihn zu schokkieren und ihm unnötige Informationen zu geben, die er nicht verlangt, dann erweisen wir dem Patienten einen großen Dienst, meine ich.

ML: Manchmal fragt ein Patient, ob er stirbt, und das stimmt vielleicht... Was würden Sie ihm am besten antworten?

EKR: Ich glaube, ich habe nie einem Patienten gesagt, daß er im Sterben liegt. Die Menschen, denen es am schlechtesten ging, waren immer die, denen man knallhart gesagt hat, daß keine Hoffnung besteht. Es ist sehr wichtig, daß man Raum für Hoffnung läßt. In einer solchen Situation könnte man einfach sagen: »Mann, ob wir das zusammen wohl schaffen?« Der Patient wird dann das Vertrauen haben, daß Sie alles tun werden, um ihm Hoffnung zu machen, wenn Sie ihm auf diese Weise antworten. Wenn er Ihnen sagt: »Ich weiß doch, daß ich sterbe«, dann würde ich darauf vielleicht sagen: »Das ist möglich, aber wir können trotzdem alles versuchen, oder nicht?« Dann weiß der Patient, daß Sie ihn nicht anlügen werden, sondern daß Sie alles tun werden, um sein Leben zu retten.

ML: Neulich, als wir einen Wiederbelebungsversuch machten und schließlich aufgeben mußten, hat eine Krankenschwester im Team das sehr schwer verkraftet. Ihr Vater war ungefähr vor einem Monat gestorben, und sie war erst kürzlich wieder zur Arbeit gekommen.

EKR: Die Mitarbeiter einer Klinik und ihre spezifischen, individuellen Bedürfnisse sind ungeheuer wichtig. Schwestern und Ärzte sind häufig mit erfolglosen Wiederbelebungsversuchen konfrontiert. Sie bringen ihre eigenen, speziellen Gefühle, ihre religiösen Überzeugungen, vielleicht ihren eigenen ungelösten Kummer oder einen Verlust mit, der sich vor so kurzer Zeit ereignete, daß die Aufgabe viel zu schmerzhaft ist. Sobald wie nur möglich sollten wir uns die Zeit nehmen und über die eben erlebte Situation sprechen, damit sie ihre Gefühle mitteilen und sich Luft machen können, und in dieser Weise können wir auch ihnen helfen, nicht nur dem Patienten und seiner Familie. Sie brauchen ein Schreizimmer genauso dringend wie die Familienangehörigen des Opfers eines Verkehrsunfalls!

ML: Wir haben auch gewöhnlich eine Besprechung, wenn

ein Patient mit Herzstillstand oder sonst ein kritischer Fall in das Krankenhaus eingeliefert wird. Aber wenn wir einen Patienten verlieren, sind wir so frustriert und haben oft eine große Wut. Es ist sehr wichtig, daß auch das Personal seine Gefühle abreagieren kann. Ich sage immer, das Personal brauche ein Schreizimmer genau wie jeder andere. Ich kann Ihnen ein Beispiel geben, wie eine solche Wut manchmal aussieht und wie schwer das Personal so etwas verkraftet. Vor nicht allzu langer Zeit wurden drei junge Männer nach einem Motorradunfall in die Unfallstation eingeliefert. Zwei von ihnen waren bei der Ankunft schon tot, und einer kam mit einem abgerissenen Bein an. Er murmelte: »Es kann nicht sein, es kann nicht sein«, und plötzlich begann er zu schreien, und dann war er tot. Die Familie hörte ihn schreien und wollte in den Raum eindringen. Es war ein schrecklicher Anblick, und alle versuchten, die Familie daran zu hindern, hereinzukommen. Als sie zur Tür kamen, wurden sie fast gewalttätig und fingen an zu schreien: »Was habt ihr mit ihm gemacht? Ihr habt ihn umgebracht, ihr habt ihn umgebracht!« Diese Ausbrüche der Wut und des Schmerzes sind für das Personal, das selbst Gefühle der Wut, des Schmerzes und der Frustration hat, sehr schwer zu verkraften, und sehr, sehr oft denken sich die Mitarbeiter: Warum bist du mir weggestorben – Sie wissen ja, wie sehr sie sich bemühen, und dann stirbt ihnen ein Patient. Sie müssen ihre Gefühle zum Ausdruck bringen dürfen, das hilft ihnen ungemein.

An einem Abend, nach einem langen, erfolglosen Ringen um das Leben eines Patienten, hörte eine Schwester, wie der Priester zu den Angehörigen sagte: »Es war eben Gottes Wille.« Die Schwester bekam einen Wutanfall und lief aus der Station.

EKR: Ach, wissen Sie, wenn man müde ist, läßt man seinen Zorn oft an den falschen Leuten aus, und die Schwestern müssen sich Mühe geben, kein Urteil über andere zu fällen. Ich wäre wohl auch in Zorn geraten, wenn ich das von dem Priester gehört hätte. Aber so merkwürdig es klingt, auch Geistliche sind angesichts eines plötzlichen und gewaltsamen Todes sehr verunsichert und voller Angst. Sie haben selbst keine Zeit gehabt, sich auf eine plötzliche Tragödie vorzubereiten, und in ihrem Versuch, Trost zu spenden, tasten sie vielleicht nach Worten und finden nicht die richtigen. Manche Pfarrer haben in dieser Richtung wenig oder gar kein Training. Die Schwestern sollen daran denken, daß es die Aufgabe des Arztes ist, der Familie Bescheid zu sagen, und Geistliche, die sich um tröstliche Worte bemühen, sind Menschen mit ihrer eigenen Angst vor dem Tod... vor dem Unbekannten, und sie sind weniger souverän, als wir es manchmal von ihnen erwarten. Der Arzt oder Seelsorger ist ein Mensch, der mit diesen Dingen selbst nicht fertig wird, genau wie wir, und es fällt uns manchmal schwer, das zu bedenken.

ML: Frau Dr. Ross, welches Verhalten des Priesters wäre besser gewesen?

EKR: Wenn der Priester einfach gesagt hätte: »Wenn das mir zugestoßen wäre, dann wäre es für mich vielleicht tröstlich gewesen, zu wissen, daß es Gottes Wille war.« Dann hätte die Familie sagen können: »Es war kein Angehöriger von ihm, der hat gut reden!« Wenn es aber für sie ein Trost gewesen wäre, hätten sie diesen Gedanken übernehmen können. »Es ist Gottes Wille«, kann bedeuten: »Es ist Gottes Wille, also trauert nicht und seid nicht zornig.« Die meisten Menschen würden daraufhin eine ungeheure Wut auf Gott kriegen, und mit Recht! Nach solchen Äußerungen müssen die Priester lernen, den Zorn der Familie zu akzeptieren, und das ist für manche Geistliche sehr schwer. Ich will Ihnen dafür ein Beispiel geben:

Ich betreue jetzt eine Frau, die eine wunderbare, glückliche Ehe führte und fünf kleine Kinder hat. Ihr Mann liebte das Leben auf dem Land, und sie beschlossen, nicht mehr in der Stadt zu leben, sondern aufs Land zu ziehen, sich mehr der Familie zu widmen und das saubere, gute, gesunde Landleben zu führen. Ihr Mann fuhr nach Colorado und rief sie eines Tages an und sagte, daß er ein schönes Haus gefunden und eine Stellung bekommen habe und daß sie die Kinder ins Auto packen und zu ihm in den Westen kommen sollte. Seine letzten Worte zu ihr waren: »Wir werden jeden Tag Ski fahren, und dann beginnt unser Leben erst richtig.« Sie packte ihre Sachen, ihre Eltern fuhren mit den älteren Kindern im Auto voraus, und sie blieb noch ein, zwei Tage zurück, weil eines der Kinder Grippe hatte. Am nächsten Tag wurde ihr telefonisch mitgeteilt, daß ihr Mann einen Unfall hatte und auf der Stelle tot war. Als diese Frau zu mir kam, sagte sie in einem fort: »Es gibt keinen Gott, es gibt keinen Gott, das ist unmöglich!« Ich hörte ihr zu und half ihr dabei, ihrem Schmerz Luft zu machen, und sagte zu ihr: »Wenn Sie das nächste Mal kommen, werden Sie auf Gott wahrscheinlich eine Stinkwut haben.« Sie wurde zornig und sagte: »Haben Sie nicht gehört, daß ich sagte, es gibt keinen Gott? Sonst könnte er doch so etwas nie zulassen!« Als sie das nächste Mal kam, ließ sie ihren Zorn an Gott aus: »Warum hat er mir das angetan? Warum hat er meinen Kindern den Vater weggenommen?« Sie war sehr, sehr wütend, und ich gieße dann immer Öl ins Feuer und helfe ihnen, diese Sachen auszusprechen. Am Ende unserer Sitzung sagte ich ihr, daß sie schließlich vielleicht sogar einen Sinn in dieser

Tragödie finden würde. Sie wurde immer zorniger auf mich, und ich ersuchte sie, noch einmal zu wiederholen, was für ein Mensch ihr Ehemann gewesen war, und ihr Gesicht leuchtete auf, und sie schilderte ihn als einen aktiven Sportler, einen extrovertierten Menschen, der immer draußen in der Natur war, und da fragte ich sie kurz: »Können Sie sich vorstellen, wie es gewesen wäre, wenn er nicht sofort tot gewesen wäre? Vielleicht wäre er gelähmt oder bewegungsunfähig gewesen oder hätte im Rollstuhl leben müssen.« Sie ging weg, ohne noch ein Wort zu sagen, und kam in die nächste Sitzung, als hätte sie mir eine große Offenbarung zu machen. Sie sagte: »Wissen Sie, Frau Dr. Ross, Gott muß doch gut sein. Können Sie sich vorstellen, was meinem Mann passiert wäre, wenn er nicht sofort tot gewesen, sondern in einen Rollstuhl gekommen wäre, wenn er sich nicht mehr hätte bewegen und nicht mehr mit den Kindern hätte sprechen können?« Verstehen Sie, was ich damit sagen will? Die Familien müssen durch diesen Schmerz und diese Wut hindurch, in der sie Gott erst verleugnen, dann wütend auf Gott sind und sich schließlich abfinden und Frieden mit Gott machen. Wenn also ein Geistlicher kein Urteil fällt, sondern sogar die Wut des Patienten auf Gott oder seinen Zweifel an Gott akzeptieren kann, dann übt er wirklich ein geistliches Amt des Annehmens und der bedingungslosen Liebe aus.

ML: Ich erinnere mich, daß Sie einmal sagten, es mache nichts, wenn man auf Gott wütend ist, weil Gott groß ist. Er kann das aushalten.

EKR: Ich sage immer zu meinen Theologiestudenten, wenn sie damit Schwierigkeiten haben: »Was ist los mit Ihnen? Das kann Gott schon verkraften.«

ML: Ja, das gefällt mir!

Wenn wir vergeblich versucht haben, ein Kind oder einen anderen Menschen wiederzubeleben, Frau Dr. Ross, dann sind auch wir manchmal in einem Zustand des Schocks und Nichtwahrhabenwollens. Wir sind nicht in der Lage, mit den trauernden Eltern richtig umzugehen, und wir wissen, daß sie uns brauchen, aber wir sind völlig fertig.

EKR: Sehen Sie, ich denke manchmal, daß es besser wäre, wenn jemand, der nicht unmittelbar an dem Rettungsversuch beteiligt ist, mit der Familie sprechen würde. So wie es für einen Arzt, der eine Herzoperation bei einem Kind vornehmen muß, sehr schwer wäre, vor dem Eingriff die emotionalen Bedürfnisse des Kindes zu erfüllen und sich um es zu kümmern und seine Fragen zu beantworten und dann die Operation auszuführen. Darum brauchen wir Teams. Wenn ich mich um die emotionalen Bedürfnisse des Kindes kümmern kann und der Chirurg kümmert sich um die Operation, dann sind wir wirklich ein gutes Team. Dann können wir das geben, was ich optimale Krankenbetreuung nennen möchte. Die Schwestern und Ärzte, die ihr Bestes getan und erfahren haben, daß es nicht genug war, sind nicht bereit oder nicht in der Lage, in diesem Augenblick einem wartenden Angehörigen zu helfen. Ich meine, während die Mediziner und das Pflegepersonal sich um den Patienten kümmern, sollte ein anderes Mitglied des Teams für die nächsten Verwandten dasein – das kann ein Seelsorger, eine Krankenschwester, ein Sozialarbeiter oder ein großartiger freiwilliger Helfer sein. So einer sollte bei den Angehörigen sein, solange diese im Krankenhaus bleiben müssen oder gerne bleiben möchten. Es sollte aber der Arzt sein und nicht die Krankenschwester oder der Seelsorger, der die Familie über die Ernsthaftigkeit der Lage oder den tödlichen Ausgang informiert. Der Grund dafür ist einfach: Wenn der

Arzt die Familie benachrichtigt, dann nimmt die Familie an, daß er auch anwesend war, als der Patient eingeliefert wurde. Wenn sich kein Arzt blicken läßt, der den Angehörigen die schlechte Nachricht übermittelt, dann glauben sie oft, daß er nicht erreichbar war, als das Opfer des Unfalls in das Krankenhaus eingeliefert wurde. Sie werden sich dann immer wieder fragen, ob der Verstorbene vielleicht zu retten gewesen wäre, wenn er schnelle Hilfe bekommen hätte.

Wir haben gesehen, wie eine Frau mit einem sechsjährigen Kind im Zustand des Schocks im Flur eines unserer Krankenhäuser stand, als ihr Mann eingeliefert wurde, der bei seiner Ankunft offenbar schon tot war. Eine Schwester mit einer kalt und nüchtern klingenden Stimme sagte dieser Mutter gleich im Flur: »Ich nehme an, Sie wissen schon, daß Ihr Mann tot ist. Bitte, unterschreiben Sie diese Papiere, damit wir den Leichnam fortbringen können!« Es braucht nicht erst gesagt zu werden, daß der Schmerz infolge dieser brutalen Form der Mitteilung lange brauchen wird, um zu heilen. Es gibt keine Entschuldigung für eine solche Mitteilung in einem öffentlichen Flur oder vor kleinen Kindern, die noch gar nicht begriffen haben, warum sie so plötzlich und in solcher Eile ins Krankenhaus gebracht wurden. Das könnte zu einer traumatischen Neurose führen, die sich leicht hätte vermeiden lassen, wenn wir uns in einem so tragischen Augenblick mit mehr Menschlichkeit verhalten würden.

ML: Ein Arzt sagte mir neulich, daß es ihn seine ganze Energie kostet, zu einer Familie hinauszugehen, die völlig unvorbereitet ist für eine schlechte Nachricht. Könnte vielleicht jemand die Familie schon vorher darauf vorbereiten, daß die Situation ernst ist?

EKR: Das müßte mit sehr viel Einfühlungsvermögen geschehen, und es sollte immer der Arzt sein, der wirklich mit der

175

Familie spricht, auch wenn es schwer ist. Aber sehen Sie, in vielen Fällen ist gar keine Zeit, um die Familie vorzubereiten. Deswegen sage ich, daß Familien, gesunde Familien, früh beginnen sollten, sich mit Tod und Sterben auseinanderzusetzen. Sie sollten miteinander reden, wie es sein würde, so daß sie sich selbst vorbereiten können, bevor solche Dinge passieren.

ML: Die Menschen reagieren ganz verschieden auf die Nachricht vom Tod eines Verwandten.

EKR: Ja, und es ist sehr schwer, vorauszusagen, wie einer reagieren wird. Manche Leute, die nicht im Stadium des Nichtwahrhabenwollens sind, machen den Ärzten und Schwestern vielleicht Vorwürfe und beschuldigen sie, nicht genug oder nicht das Richtige getan zu haben. Sie sind vielleicht wütend auf den Fahrer des Rettungswagens oder aufeinander. Manchmal sehen wir, wie Ehepaare aufeinander losgehen und darüber streiten, wann ihr Sohn tot eingeliefert wurde, und dann ist es natürlich sehr schwer, diesen Leuten zu helfen, die sich in einem fast irrationalen Zustand der Wut befinden. Auch hier meine ich wieder, daß wir kein Urteil über sie fällen, sondern versuchen sollten zu verstehen, daß dies alles der Ausdruck ihres übergroßen Schmerzes und Kummers ist.

ML: Der Unfallarzt hat eine große Verantwortung, wenn ein Anruf kommt, daß ein Mensch vom Rettungsteam gebracht wird und bei seiner Ankunft vermutlich schon tot ist.

EKR: Ja. Wenn ein Patient auf die kardiologische Station kommt und einen Herzstillstand hat, dann müssen die Schwestern schnell lebensrettende Maßnahmen ergreifen, Elektroschock, Medikamente, was immer angezeigt ist. Aber der Patient, der zur Notbehandlung kommt, ist vielleicht nicht ausreichend beatmet worden oder er hat keine effektive Herzmassage bekommen, ja er war vielleicht schon tot, bevor er gefunden wurde. Der Klinikarzt muß dann schnell schalten. Wenn der Patient noch irgendein Lebenszeichen von sich gibt, wenn er eine gute Herzmassage bekommen hat, wenn seinen Lungen ausreichend Sauerstoff zugeführt wurde, dann wird man natürlich bei diesem Patienten intensive Wiederbelebungsversuche anstellen. Es gibt dabei schwierige Momente, wenn sofort eine Entscheidung getroffen werden muß, und oft versuchen wir zu lange, einen Patienten wiederzubeleben. Manchmal geschieht es, weil wir aus dieser Erfahrung etwas lernen wollen, aber ich meine, wir müssen den Leuten beibringen, daß sie so etwas mit Überlegung tun, und ich meine, Ärzte haben genug Erfahrungen und brauchen diese Methoden nicht in einem wirklich hoffnungslosen Fall anzuwenden.

Ich glaube, wenn wir den Menschen helfen könnten, die Medizin nicht nur als Wissenschaft, sondern als Kunst zu betrachten – wenn wir Mitgliedern des Personals helfen, sich mit ihren eigenen psychischen Schwierigkeiten und ihrer eigenen Angst vor dem Tod auseinanderzusetzen, dann könnten viele dieser verzweifelten Versuche verhindert werden. Schwestern und Ärzte sollten miteinander reden und nach so schwierigen Fällen sich ihre Gefühle gegenseitig mitteilen. Wenn Sie zornig sind, dann sagen Sie es; wenn Sie Schmerz und Verzweiflung empfinden, sprechen Sie es aus; wenn Sie gar nichts, nur eine Leere empfinden, dann wäre das vielleicht auch eine wichtige Mitteilung. Schwestern und Ärzte brauchen manchmal ein Schreizimmer so dringend wie die Familie. Wenn es nicht diese merkwürdige Hierarchie in der Medizin gäbe, wo ein Arzt meint, daß er seine Gefühle nicht zeigen darf, und Schwestern befürchten, daß sie nicht professionell sind, wenn sie eine Träne vergießen, wissen Sie, wenn wir manchmal einfach als Menschen zusammenkommen und unseren Kummer und unseren Schmerz miteinander teilen könnten, dann wäre die Zusammenarbeit viel weniger anstrengend.

ML: Meinen Sie, daß wir die Angehörigen auffordern sollten, den Leichnam anzusehen, bevor sie das Krankenhaus verlassen?

EKR: Ja, sehen Sie, es kommt vor, daß Familien zum Beispiel einen Ausflug gemacht und einen glücklichen Sonntag voll Freude und Sonnenschein genossen haben, und plötzlich, ganz unfaßbar, ertrinkt ihr kleines Kind. Oder ein Ehepaar von auswärts auf einer Einkaufstour ... der Vater fällt um und ist sofort tot – vielleicht durch eine Gehirnblutung. Diese Familien werden einen großen Schock erleiden, das Geschehene nicht wahrhaben wollen und vor Schmerz und Kummer wie gelähmt sein. Diesen Familien sollte man vermutlich zureden, daß sie den Leichnam des Angehörigen sehen und berühren. Es ist wichtig für sie, daß sie zu dem Toten sprechen und ihn anfassen. Viele Leute, denen das nicht erlaubt wurde oder die den Leichnam nicht sehen wollten, haben später Schwierigkeiten, mit der Realität des Todes fertig zu werden.

ML: Manchmal sieht die Leiche ziemlich schlimm aus, vor allem nach einem langen Wiederbelebungsversuch.

EKR: Ich meine, die Krankenschwester sollte die Leiche herrichten, sie sollte Gesicht und Hände mit Wasser und Seife waschen, um Erbrochenes oder Blut oder einen ekligen Geruch zu beseitigen. Das Gesicht sollte unbedeckt bleiben, wenn es nicht zu sehr verstümmelt ist. Wenn nötig, muß man den Kopf einige Augenblicke hochhalten, damit Flüssigkeit aus den Nebenhöhlen ablaufen kann. Wenn die Gesichtszüge sehr entstellt sind, sollten sie mit frischen

Leintüchern zugedeckt werden, selbstverständlich nicht mit Zeitungspapier. Der Familie sollte dann von den Entstellungen Mitteilung gemacht werden, und dann können die verstümmelten Körperteile wie bei einem operierten Patienten verbunden werden. Aber ich meine, Sie sollten es der Familie immer freistellen, ob sie die Leiche sehen will oder nicht.

ML: Nun ja, manchmal möchte man die Angehörigen schnell draußen haben, damit man den Raum saubermachen und den Leichnam in die Leichenhalle transportieren kann; wir wollen das wohl einfach möglichst schnell erledigen.

EKR: Ja, das ist traurig, und das ist unser Problem, und ich glaube, der erste Schritt zu einer Verbesserung wäre, wenn wir zugeben würden, daß wir vieles von dem, was wir tun, unserer eigenen Bedürfnisse wegen tun. Man sollte die Angehörigen nie drängen. Man sollte ihnen Zeit geben, daß sie diesen Augenblick des wirklich letzten Zusammenseins mit Würde und ohne Störung erleben können. Bevor Sie die Familie hereinführen, wird man den Leichnam vielleicht aus der kardiologischen Intensivstation oder dem Reanimationsraum in einen kleineren Raum betten, der nicht so dringend benötigt wird, damit Sie die Angehörigen nicht drängen müssen hinauszugehen, weil ein anderer Notfall eingeliefert werden könnte. Und dann brauchen Sie eigentlich nur einen oder zwei Stühle hinzustellen und den Leuten zu erlauben, daß sie hier zusammen sein können, ohne daß man sie hinausdrängt.

ML: Es fällt mir schwer, die Angehörigen zu bitten, daß sie bestimmte Entscheidungen treffen – ob der Verstorbene den Ehering behalten soll, ob sie die Kleider mitnehmen wollen, welches Bestattungsinstitut wir anrufen sollen.

EKR: Ja, natürlich! Die meisten Leute haben sich noch nie im Leben um ein Bestattungsinstitut kümmern müssen. Wenn es sich um eine ortsansässige Familie handelt, wäre es gut, wenn die Sekretärin der Abteilung schon den Familienpfarrer oder den Priester oder Rabbiner gerufen hätte. Wenn die Familie katholisch ist, hätte der Priester ohnehin sofort gerufen werden müssen. Diese Mitglieder der helfenden Berufe sind darauf eingestellt, Tag und Nacht abrufbar zu sein. Und sie können sich als eine große Hilfe für die Krankenschwestern erweisen. Wenn der Verstorbene keiner Kirche angehörte, ist es eventuell die Aufgabe der Freunde, auch bei der Bestellung des Begräbnisses behilflich zu sein. Was religiöse Abzeichen oder Ringe angeht, so würde ich alles belassen und auf besondere Anweisungen der Familie warten.

ML: Oft hat sich eine Familie nach einem Ausbruch des Schmerzes und des Zorns gerade wieder gefangen, da wird alles von neuem aufgewühlt, wenn zum Beispiel im Fall eines ungeklärten Todes eine Autopsie vorgenommen werden muß.

EKR: Das ist schwierig, aber Sie müssen es den Angehörigen sagen. Sie müssen ihnen sagen, daß sie keine andere Wahl haben. Wenn man die Prozedur aber eine postmortale Untersuchung nennt, erscheint sie ihnen vielleicht weniger brutal, und man kann den Angehörigen erklären, daß der Arzt, der diese Operation durchführt, ein Fachmann und ein besonders geschickter Diagnostiker ist. Sagen Sie ihnen, daß diese Untersuchungen vielleicht wichtige Informationen ergeben – vielleicht für die hinterbliebenen Kinder – oder daß anderen Patienten in der Zukunft dadurch geholfen werden kann. Wiederum meine ich, daß viel davon abhängt, ob Sie das alles in einer kalten, distanzierten Art vorbringen oder warmherzig und verständnisvoll, wenn Sie zum Beispiel sagen: »Ich weiß, daß es schwer ist, über solche Dinge zu reden, aber wir müssen es leider tun.«

ML: Wir fragen uns oft, wie die Familien nach dem Begräbnis und in der Zeit danach zurechtkommen. Manchen von ihnen steht es geradezu im Gesicht geschrieben, daß sie in Schwierigkeiten kommen werden, so niedergeschmettert sind sie.

EKR: Die Leute, die Schwierigkeiten haben oder denen es am schwersten fällt, mit den Problemen fertig zu werden, sind diejenigen, wie wir feststellen konnten, die plötzlich und unerwartet in diese Situation geraten sind – sei es durch einen Unfall, einen Mord oder Selbstmord –, und diejenigen, die den Leichnam nicht sehen können, weil es ihn nicht mehr gibt, zum Beispiel wenn ein Mensch ertrinkt oder in einer Explosion zerrissen wurde. Ich erinnere mich da an eine Familie, die ein Mitglied in einem Flugzeugabsturz verloren hat, und da gab es keine Leiche. Dies gilt auch für Familien, die einen Sohn oder Ehemann in Vietnam verloren haben, ohne daß die Leiche ihnen geschickt wurde. Diese Leute leugnen oft teilweise das Geschehene. Sie denken immer, daß ein Falscher identifiziert wurde, und vielleicht war es gar nicht ihr Sohn oder ihr Mann. Vielleicht ist er zu den Kommunisten übergelaufen ... es ist eine verzweifelte Art von Hoffnung, daß er nicht tot ist. Menschen, die den Leichnam oder einen identifizierbaren Teil davon sehen können, kommen besser zurecht und können dann beginnen, den Tod zu verarbeiten.

ML: Wir neigen dazu, die Familien abzuschirmen und ihnen nahezulegen, den Leichnam nicht anzuschauen, wenn er verstümmelt ist.

EKR: Ja, das tun wir vor allem dann häufig, wenn es ein Selbstmord war oder wenn die Leute nach einem Unfall sehr entstellt aussehen. Aber Sie müssen verstehen, daß Sie die Familie dadurch im Grunde gar nicht beschirmen; wir tun das unserer eigenen Bedürfnisse wegen. Der Familie tun Sie damit vielleicht ein großes Unrecht. Ich meine, Sie müssen die Leiche so sorgfältig wie möglich herrichten – und die am meisten entstellten Körperteile mit frischen Leintüchern bedecken –, aber verweigern Sie der Familie nicht den Wunsch, bei dem Leichnam zu sein oder ihn zu berühren oder ihn einfach nur anzusehen. Das wird ihnen später dabei helfen, sich mit der grausamen Wirklichkeit abzufinden.

ML: Machen die meisten Familien die Stadien des Sterbens durch, vom Nichtwahrhabenwollen zum Zorn bis zum schließlichen Annehmen?

EKR: Wir haben festgestellt, daß Leute, die einen plötzlichen Todesfall bewältigen müssen, nach der ersten Lähmung, dem Schock und dem Leugnen, das sehr oft über das Begräbnis dauert, wo wir mit vielen mechanischen Dingen beschäftigt sind und viele Verwandte und Besucher kommen – daß dann, wenn alle Verwandten gegangen sind, bei diesen Leuten eine große Lähmung einsetzt, und das Nichtwahrhabenwollen kann Wochen dauern. Wir haben gefunden, daß dies auch für Eltern gilt, die ein Kind verloren haben und die nach dem Tod des Kindes oft ein zweites Mal durch die Stadien des Sterbens hindurch müssen. Dann geschieht es sehr oft, daß die Mutter zu Hause bleibt, in dem Stadium des Schocks und des Leugnens, und der Vater, der zur Arbeit hinausgehen, abschalten, andere Leute sehen und auf andere Gedanken kommen kann, das Stadium des Zorns oft viel schneller erreicht. Dies ist der Grund, warum bis zu 75 Prozent der Eltern, die ein Kind verloren haben, innerhalb des ersten Jahres nach dem Tod des Kindes am Rande einer Trennung oder Scheidung stehen. Wir könnten für diese Familien insofern etwas tun, als wir denen helfen, die in diesem Prozeß nachhinken. Das heißt, wir würden in diesem Fall der Mutter helfen, ihren Zorn auszudrücken, so daß beide Eltern zusammen durch dieses Stadium durchgehen können, durch das Verhandeln, die Depression und das schließliche Annehmen. Sie werden nach dem Tod alle diese Stadien durchlaufen müssen.

Das Personal einer Unfallstation könnte viel zur Trauerarbeit beitragen, indem es diese Familien ungefähr einen Monat, nachdem der Unfall geschehen ist, anruft. So lange braucht es etwa, bis die Familie aus dem Schock und dem Zustand des Nichtwahrhabenwollens herausgefunden hat. Es ist sehr wichtig, daß die Person, die zum Zeitpunkt der Tragödie bei den Angehörigen war – der freiwillige Helfer, von dem ich vorhin gesprochen habe, oder der Pfarrer –, daß dieselbe Person die Familie ungefähr einen Monat später anruft und sie fragt, ob sie nicht noch einmal auf die Unfallstation kommen und darüber reden möchte. Viele Familien nehmen dieses Angebot gerne an und kommen noch einmal auf die Unfallstation, in das von mir so benannte Schreizimmer, und sie setzen sich mit dem freiwilligen Helfer oder der Krankenschwester oder dem Pfarrer zusammen und stellen die Fragen, die ihnen verständlicherweise am Herzen liegen, wie: Hat er noch etwas gesagt? Hat er noch einmal die Augen aufgeschlagen? Glauben Sie, daß er bei Bewußtsein war? Glauben Sie, daß er große Schmerzen litt? Hat er gewußt, daß er stirbt? Und Sie können mit ihnen über all diese Dinge reden, und oft sind sie erst dann in der Lage, durch die Stadien hindurchzugehen. Dann können sie die Wirklichkeit annehmen – ja, das alles ist geschehen – und sind in ihrem Schmerz nicht mehr allein.

ML: Wenn wir sie zu einer solchen Aussprache auffordern, sollten wir ihre Frage dann ehrlich beantworten?

EKR: Nun, ich bin immer für ehrliche Antworten, aber es ist nicht gut, wenn wir den Leuten noch mehr weh tun, und daher werden wir vielleicht manche Dinge nicht beantworten. Wenn die Mitglieder der helfenden Berufe einige dieser Fragen auf eine Weise beantworten können, daß der Familie Mut gemacht wird, dann hat sie es leichter, allein vom Nichtwahrhabenwollen zum Annehmen zu kommen. Wir sehen also, daß der Arzt und die Krankenschwester der Unfallstation ganz besondere Aufgaben zu erfüllen haben. Dies gilt auch für den geschulten freiwilligen Helfer oder den Geistlichen. Ärzte und Schwestern, die sich um die Patienten kümmern, müssen oft während der Krise äußerlich ruhig bleiben und ihre eigenen Ängste und Gefühle verbergen. Sie müssen schnell und mit großem Können mühevolle lebensrettende Maßnahmen ergreifen und ihren eigenen Kummer, sehr oft ihren eigenen Zorn unterdrücken, wenn diese Anstrengung, das Leben des Patienten zu retten, sich manchmal als vergeblich erweist. Ein plötzlicher Todesfall, vor allem wenn es sich um einen kräftigen jungen Mann oder eine junge Frau handelt, oder der einen schockiert, wenn es ein Selbstmord ist, oder überwältigt, wenn es sich um ein Kind handelt, oder empört, wenn er durch Unachtsamkeit oder gar mit Absicht verursacht wurde – alle diese Gefühle sollten die Mitarbeiter des Personals sich gegenseitig mitteilen und gemeinsam bewältigen, so daß jeder von ihnen auf die beste Art mit der Familie umgehen und den Prozeß der Trauer während der ersten Minuten und Stunden nach dem Tod erleichtern kann. Es ist meine Hoffnung, daß mehr Unfallstationen in Zukunft einen Schreiraum für die Familienangehörigen einrichten werden, den nachher auch das Personal benützen kann, und daß sie später gelegentlich die Familien anrufen, um sich zu erkundigen, ob es noch etwas Unerledigtes oder irgendwelche Fragen gibt, die sie beantworten können. Es ist zu hoffen, daß die einzelnen Mitglieder des Personals auf einer Unfallstation auch lernen werden, sich mit der Vorstellung ihres eigenen Todes – ohne Angst – auseinanderzusetzen, und dann viel besser in der Lage sein werden, diese innere Ruhe zu vermitteln.

Tausende von im medizinischen Bereich tätigen Menschen, aber auch Laien besuchen meine fünftägigen Workshops und kommen nach Shanti Nilaya, unser Zentrum für Wachstum und Heilen, weil sie Hilfe für ihre Ängste und angestauten Emotionen brauchen.

Hier haben sie Gelegenheit, die Maske professioneller Tüchtigkeit, der stoischen Fassade und des Verdrängens schmerzhafter Erinnerungen fallenzulassen. In einer Umgebung der Sicherheit, mit dem Beistand sorgfältig geschulter Mitarbeiter, können sie traumatische Erfahrungen noch einmal durchleben, alte Angst-, Schuld- und Schamgefühle aufarbeiten und mehr Einfühlungsvermögen und innere Freiheit daraus gewinnen.

Wenn nicht jedes Krankenhaus und jede Klinik, jeder Bürobetrieb und jeder Haushalt einen sicheren Raum hat, in dem negative und schmerzhafte Emotionen offen zum Ausdruck gebracht werden können, werden wir nie genug Einrichtungen haben (Beratungsstellen, Zentren für Wachstum und Heilen), um den Bedürfnissen unserer Bevölkerung gerecht zu werden.

Wenn wir uns den eigenen Ängsten stellen und uns über unsere eigenen unerledigten Dinge aussprechen könnten, brauchten wir keine Tranquilizer zu verschreiben, mit denen wir im Grunde nicht die Überlebenden, sondern leider vielmehr unser eigenes Gewissen beruhigen.

Thomas Schäfer
Was die Seele krank macht und was sie heilt

Thomas Schäfer bringt die Erkenntnisse des bekannten Psychotherapeuten Bert Hellinger auf den Punkt: Die Familie ist das zentrale soziale System und der Verursacher von Freud und Leid. Durch Hellingers Therapie können krank machende Dynamiken gelöst werden.

Bernd Frederich
Wenn Partnerschaft krank macht

Die Ursachen von Krankheiten liegen oft innerhalb von Beziehungen und Familien. Anhand von zahlreichen Fallbeispielen zeigt der Autor, wie vorhandene Muster erkannt und Wahrnehmungs- und Verhaltensänderungen herbeigeführt werden können.

Knaur
MensSana

Edward Bach / Jens-Erik Petersen
Heile dich selbst mit den Bach-Blüten

Nach dem Verfahren von Dr. Bach werden primär seelische Zustände wie Unzufriedenheit, Groll, Aufregung, Angst, Besorgnis etc. behandelt. Hierzu leitet das vorliegende Buch mit seinen ausführlichen Beschreibungen der Qualitäten der 39 Bachblüten an.

Erich Ballinger
Lerngymnastik für Kinder

Bereits im Kindergartenalter angewandt, zielen diese Übungen darauf ab, Lernschwierigkeiten durch die Zusammenschaltung der rechten und linken Gehirnhälfte gar nicht erst aufkommen zu lassen.

Ruediger und Margit Dahlke
Die Psychologie des blauen Dunstes

Jedes Krankheitssymptom hat seine Be-Deutung und damit eine Botschaft für den Betroffenen – auch das Rauchen. Die Autoren entwickeln Konzepte, die den unterschiedlichen Rauchertypen den Weg aus der Nikotin-Sucht, den Rückweg in die Freiheit, sichtbar machen.

Ruediger Dahlke
Gewichtsprobleme

Jeder zweite Deutsche ist übergewichtig. Der Autor erläutert hier die verschiedenen Bedeutungsebenen von Übergewicht und Untergewicht – vom Isolationspanzer bis zum Kummerspeck. Das Buch führt zu einer neuen Haltung gegenüber den eigenen Pfunden.

Knaur
MensSana

Ruediger Dahlke
Herz(ens)probleme

Hinter Herzerkrankungs-Diagnosen verbergen sich Krankheitsbilder mit einer bestimmten Aussagekraft. Themen wie Rhythmus, Lebenskraft und -spannung, Offenheit und Liebe zeigen die enge Beziehung von Herzenskraft und Herzlichkeit, von Körper und Seele.

Ruediger Dahlke
Verdauungsprobleme

»Mir stinkt's!« Der Volksmund weiß oft mehr über die Bedeutung unseres Magen-Darm-Trakts und seine Funktion für die seelische Befindlichkeit. Aus den Symptomen des Körpers kann man lernen – wenn man es versteht, dessen Botschaften zu entschlüsseln.

Dalai Lama
Die Freude, friedvoll zu leben und zu sterben

Der Dalai Lama symbolisiert wie kein anderer das Ideal der Friedfertigkeit. Dieses ist in der buddhistischen Lehre verankert, verbunden mit der Überzeugung, dass ein friedvolles Leben positive Voraussetzungen für die Inkarnation schafft.

Dalai Lama
Der Weg zur Freiheit

Mit unübertroffener Einfachheit und Schönheit vermittelt der Dalai Lama die Essenz des tibetischen Buddhismus. Seine Darstellung von Tod, Wiedergeburt, Karma und den vier edlen Wahrheiten zeichnet das Bild großen spirituellen Wissens.

Knaur
MensSana

Dalai Lama
Mein Leben und mein Volk

Der Dalai Lama erzählt seine Geschichte: seine Auffindung und Inthronisation, die geistliche Erziehung, die Begegnung mit den Eroberern, die Bemühungen, seinem Volk ein wenig Freiheit zu erhalten, und schließlich die abenteuerliche Flucht ins Exil.

Dalai Lama
Den Geist erwecken, das Herz erleuchten

Die zwei wichtigsten Elemente auf dem Pfad zur Erleuchtung sind in der buddhistischen Lehre Weisheit und Mitgefühl. Der Dalai Lama gibt klare und praktische Anweisungen, wie Mitgefühl im täglichen Leben entwickelt werden kann.